天界的52則聖諭

52個自我覺察的練習，
讓你回到內在和平。

田安琪——著

Fifty two oracles from Above

推薦序

看到自己的起心動念

很喜歡看安琪在第一本書中直言不諱的裸奔，以及高靈們的訊息。這本書仍延續前書的風格，編排則改以五十二則「神諭」的方式，讓讀者可以每週一次，依著神諭課題進行自己的內在探索。

我一邊讀著書，看著安琪拿自己開刀的同時，一邊也留意這些神諭或安琪的文字，是否也觸動到我的哪個部分？……這的確是本可以幫助看到自己起心動念的好書。

交通大學環境工程研究所教授　白曛綾

推薦序

相對世界的美麗

安琪是我在中央大學大氣科學系的學姊，記得她在研究所時做的還是氣象雷達的研究！這一路走來，看著她從學生時代意氣風發到職場發光發熱，進入婚姻再走向靈性的天命。安琪一直順著內心的聲音，接受內心的呼喚，也深深地被祝福著。

安琪這本書，用她自己親身的經歷，透過這五十二個自我察覺靜心的練習，讓自己的心更透明澄淨，更清明的面對自己內心底層的聲音，進而邁開大步，走向自己心想事成的美好人生。

我是學大氣科學的，面對許多複雜的問題，每天的工作習慣是實事求是，用數字呈現，在各種科學方法中，觀察、分析並研判。但科學在和靈性的接觸當中，也可以有所學習，有些現象，科學也無法解釋，這便是相對世界的美麗。

就算是在科學發展最進步、最富有、最幸福的先進國家，人們仍然會經歷到各種的苦，尤其是在情緒和心理層面，還有各式各樣的無常。科學觀能帶給我們的最大好處，就是能緩和我們在物質上或是身體上的苦難；至於精神上的苦難，就只能靠對內心品質的提升與內在態度的轉變，才能處理與克服。

換句話說，要離苦得樂，追求內心的幸福與喜悅，我們同時需要科學和靈性這兩樣東西，來緩和生理與心理的苦難。

身為一個科學家，最大的樂趣之一是彼此分享知識，一起解決問題。而台灣不知在何時開始，很多人盲目地向外追求、人云亦云，對大環境無奈下，處處存在不平衡心理。如果你自己也曾無力困惑，只能在黑暗中摸索，何不積極前進努力，傾聽自己內心的聲音，練習靜心，當自我成長改變，就可以讓自己成為照亮大家的那一盞燈。

這本書十分實用，跟著安琪一周一次的靜心練習，會讓你找到全宇宙一起給你力量的方法。也祝福安琪，在歷經科學和靈性的雙主修之路，能把更多的光帶給有緣人。

氣象達人　彭啟明

推薦序

感知與覺知

有些時候，有些事情，有些場景，有些文字，有些話語，會觸動你的感覺，當下你開始用形容詞、動詞、名詞推砌，你感知到一些什麼，從腦子的反射或震動。而當你讀了安琪，你會從心裡開始覺知，那亙古就已存在的靈光，自然而飽滿的愛。

安琪跟我說這書名時，當天我才跟我的夥伴提到專訪台灣五十二位新銳藝術家的報導計畫，那不只是靈光閃過，根本是已然安排的節奏，在週而復始的時間軌跡中。

再看了這52篇聖諭的書目，我感知到安琪再一次提升，從前是平視著她，我現在必須仰頭。

我開始想，如果要用兩個字來形容安琪，或代表安琪，會是哪兩個字？

與安琪討論時她任由我自己想，她只說她現在是在「二次童真0期」，反璞歸真，我立刻給了她兩個字——「月光」。回頭，翻了三年前為安琪的第一本書《我聽見天使》寫的推薦序，有一句話：「安琪，你看到的她是像灑進森林裡的晨光……」

安琪是「月光」？還是「晨光」？這是兩種不同的熱力，三年的時間軌跡或許就有了這樣的差異，從感知到覺知，愛又昇華到另一層次。

臉書媒體《酷新聞》創辦人　蔡慶輝

目錄

本書指南

為什麼要自我覺照？

都說，這整個世界是由我們自身的內在所投射、反照的。我們的業力與緣分、遭逢的人事物、我們的思想面向與情緒感受，都因內在的「動」而起。這個「動」，意思是它不在中道，若在中道，我們便不會生出多餘的念頭與情緒，因此也不會有多餘的煩惱苦痛。

到時候，會「知曉與洞悉」，但不會「動」。

因此，培養對自己內在的觀察力，變得如此重要，只有這個「觀察之力」，才有機會讓自己從一個「被念頭與情緒操縱的魁儡」翻身而起，成為如如不動的「觀照者」，自由而輕盈。

這本書希望能協助各位養成自我覺照的習慣，因此以五十二篇高靈訊息來給出覺照的主題。以下閱讀指南，讓各位在進入主題前，能掌握一些重點：

一、「覺照」必須成為一個分分秒秒的習慣，直到最終成為不動的覺照者

但初學者，可以從自己產生負面情緒的機緣開始，一旦發現沮喪憤怒的時候，去「看」自己產生這些負面情緒的原因。要注意，那「根本原因」永遠不會是別人，必定是自己的某個恆久以來的傷痛。

學著清醒的看著，也同時慈悲地陪伴著這些傷痛。

二、實戰共修練習

我在臉書成立了一個社團，本書出版後，會隨著這五十二個主題的節奏，給出更詳細的「自我覺照」的要訣。（https://www.facebook.com/groups/764569393599758/）

三、不吝賜教高靈上師們

即使看不到祂們，也請保持與祂們之間的互動，最實際地，是在你需要協助時祈請祂們的指引與援手。祂們的任務之一便是提攜我們往前，因此回應我們的呼求是祂們熱切投入之事；但神聖指導者從不影響我們的抉擇，也不主動介入我們的生命旅程，因此請記得提出你的祈請，並放手讓更高次元來安排那個回應。

四、關於本書中出現的高靈

蓮花生大士與伊莉莎白女祭司是與我連結比較深的高靈，但這本書開放一切被我所感知到的高次元訊息，因此會看到許多不同的名字。包括各位熟悉的觀音葛瑪巴、老子、白鷹、梅林、達摩、圖特上師等；也有完全不熟悉的名字，譬如卓爾泰、艾勒克、蒙巴剎等，更不用說像是「天空」、「沙鷗」這樣的「藝名」；此外，像悉達多和耶和華，並不使用「佛陀」和「耶穌」這樣的名稱，我覺得也很有趣，我猜祂們或許是想藉此打破約定成俗的思維吧。

但有一些名字是連我自己也想要去求證與適應的，譬如亞里斯多德、聖女貞德、白居易等。如果你們像我一樣去瞭解一下他們的生平與論述，會發現，祂們中有一些曾經談過與書中類似的話題，有一些（例如白居易）的確在他在世時潛心修煉，很有可能，以白居易為名的那一世，便是他在地球輪迴的最後一世了。

當這本書寫到中途時，我突然意識到，有別於上一本書地，這一次來給出訊息的，清一色都是「上師」，而非「天使」。天使們沒有地球經驗，是超越二元性的存有；但上師們都曾經在地球輪迴過，知悉身為人類的喜樂悲苦、貪嗔癡慢疑。因此，期待祂們的發言，會讓讀者們感到更貼近、更受用。

01

平凡

體驗　然後放下

生命的發展猶如駕車行駛，起初，必須鼓起勇氣開車上路、學習掌握方向盤，**掌握人生的自主權**；逐漸熟練技術之後，便想要競速、便更在乎車子的品牌，那是自我實證的時期；最終，車子只純然是個載具，讓自己觀賞沿途風景，它因而成為**體驗的工具**。

體驗的本身才是靈魂的養分，但那被賦予名相的載具，誘惑人們去執著，然後在千百萬劫之後再被放下。

只是，要放下的不是載具，而是名相；**要放下的是對名利的依戀，而不是名利本身**，譬如善心所驅使之事所帶來的名利，當然不必避免。

這就是平凡之心。

簡單是平凡，繁華也是平凡，是擁有了一切內在素質的平凡。

——蓮花生大士

這本書煎熬了我七百多個日子才真正決定要動工，過程裡想法反反覆覆地，一方面在出版社與讀者的鼓勵下心動著，一方面，又始終定不出讓自己眼睛一亮的主題好動工。每一天，只要在教課之間的空檔、在完成了一連串的演講或工作坊之後、或者在週末裡格外安靜的時刻，「到底要不要出書？」這問題，便像夏夜裡發動攻勢的蚊子一般地在耳邊嗡嗡作響，擾得人心煩意亂，如果能一巴掌拍下去，來個一翻兩瞪眼該多好。

「決定了不出書，才能好好寫作吧？」就像當初部落格的文章以及目前臉書的文字，都能在快意揮灑之下寫就。但真的是這樣嗎？

我當時只確定「寫作」這件事情比「出版」更重要。

特別不喜歡自己「為了出書造作而寫」的那種感覺，總覺得那種「有所為（ㄨㄟˋ）而為」不打心底而出，推送不出懇切之作。於是去年夏天，自以為鐵了心地決定再也不出書了，愛寫就繼續寫給自己爽吧！翻翻電腦裡的祕密檔案夾，尚未發表的文章其實也有個兩萬字了，公開在社群網站但尚未出版的應該更多，拿這些曾經逐筆耕耘的痕跡來掐指計算，足堪安慰。

但真正在心裡深處搞不定自己的，其實是另一個肅穆的生命議題。

「田安琪，妳將來應該是要慢慢走下舞台了吧？」想像中，越往內走，應該會越低調、越平凡吧？出書似乎又是一種讓自己心神外馳的把戲，於是內在有個抵制自己「繼續自我彰顯」的勢能。

但有趣的是，後來我觀察到，當身邊的作家朋友出書時，還是有羨慕的感覺，於是我又翻案了，決定出書。就把它當作是「發洩掉最後的那一點自我彰顯的欲望吧」！並且想出了兩個類型的新書方向，認認真真地和總編輯討論出書方向。不過回到家之後，我一直感覺不到心中歡欣鼓舞的聲音。焦躁了沒多久，我便承認了——謬斯神並沒有降臨在我的筆墨之間。事情不太對勁，我對這些新書方向的熱情還不夠，或者，還有什麼我該知道的東西尚未被觸及？

夏末的某個晚上，我只好向指導靈求救了：「告訴我該不該出書，或者，直接告訴我該寫些什麼吧？」

「妳當然會知道，但未來這段日子，妳必須完全放下這件事，完全不思索、不寫任何與新書有關的東西。答案才會出現。」

聽起來像是個讓焦慮淨空的假期，但我記得當時根本沒有辦法完全放下，出書的「執念」確實沒有想像中那麼小啊……可見本人離想像中「平凡」、「走下舞台」的境界還很有距離。

於是在初秋之後，我便出國去度了個真正的假期。就在回來的第二天晚上，尋常的課程結束後，我正在放鬆地淋浴，電光火石之間，靈感像無聲的閃電一般強勢占據腦海，「靈感」沒有告訴我該不該寫書，它直截了當地說：「給大家『自我覺察』的指南吧，寫五十二篇，讓讀者每週練習一篇。」

我興奮地在浴室裡跳舞，不只是因為這個明確的方向，主要是我知道「自我覺察」是一直以來我衷心熱切去談的主題，是我靈性教學的主軸。一想到我可以使用平常講課的心情、語彙來映現在文字上，便令我更加讚嘆這個靈感，這是個不用刻意「有所為（ㄨㄟˋ）」便可表達的方向。

為第一篇文章動筆的那一刻，我好整以暇地打開筆電，喝了幾口淡咖啡，放鬆身心，等待某一位高靈給出題目與訊息內容，於是我熟悉的蓮花生大士出現了：「透過文字來傳遞佳音是妳的天賦，**妳被『賦予』的，終究要賦予出去，這是自然法則。**若能奏出悅耳之作，為什麼不繼續彈奏？」

「妳**要做的是放下名利之累、名相的干擾，而非禁止自己去做帶來名利之事。**」**外象終究不能說明內在情況，而內在情況才是真象啊！**

沒料到在正式進入第一篇訊息之前，高靈先來了這一段「行前教育」。我在咖啡館裡淚流不止，努力不讓哽咽聲被聽到。它是如此醍醐灌頂，但又來得如此地遲，在我困惑搖擺了兩年之後才出現，顯見，那一段在進退中探索的日子還是必要的。

蓮花生大士簡單的兩句話，讓瀰漫了兩年的霧霾雲時散去，得到無以言喻的解脫和輕快感。因此，願以這五十二篇高靈訊息，提供更多人自我覺察的切入點，解開更多疑惑與沉重。

02

勇氣

壯士斷腕　重生前的毀滅

「知識」與「理智」，很有可能只會引導你重複老路，事實上，要讓生命進展……乃至於事業、情感的進展，其所需要的「勇氣」勝過一切。

真正的「往前」，意味著「舊的」持續要死亡、要拋下。

要擁有新的生命狀態，那麼舊的生活方式要捨得放棄；要創造事業高峰、要反敗為勝，那麼舊的經營思維與制度、甚至廠房與員工……都要捨棄；要挽救親密關係，那麼舊的感情模式、感情需求，都要放下。

有勇氣讓舊的自己徹底死亡嗎？現在就壯士斷腕吧！

——亞里斯多德

我在第一本書《我聽見天使》印刷付梓的前夕，決定離開公關領域，當時心中有兩個掛念。第一個掛念是自己的主要客戶，我為他們服務了八年，已非常熟悉客戶與案子的情況，與客戶端在概念與做法上有基本共識，互動起來方便快速，因此不但新人上手不易，客戶要與新手重新溝通也是個工程，況且這個案子需要有理工科背景的公關，其實在找尋接手對象時是有門檻的。但心意已決，因此盤算著請辭後盡量仔細交接就是。

沒想到就在躊躇著該如何向客戶表達此事時，傳來客戶端上層的消息：他們決定停辦活動了。一舉兩得，豈不快哉！恰恰應驗了**達賴喇嘛的智慧箴言：「當你決定要往哪裡去時，全世界都會為你讓路。」**

另一個掛念當然是收入，畢竟現在已經沒有老公可倚靠了，一切生活所需都得由自己支付，而我既不想過著拮据的生活，也不想要讓我的靈性教學變成是「為養活自己而做」的事情。好在有關金錢恐懼的課題也練習了好一段時間，知道**「順服心」與「勇於捨棄」是孿生兄弟，在它們的帶領之下，生命自然會進入新的金錢運轉模式之中，而在那裡，會有更不費力的收入「流動而來」，是自動靠近，不是「掙」來的。**

只是現實世界裡，不會是一個口令、一個動作地在操作靈性法則後能立即實體化的。當我下定決心不做公關，只單純地從事靈性工作之後，有趣的事情發生了：新的、舊的公關客戶短時間之內一個個地接連找上門來，概算起來，那真是一筆不小的數目，足以供應我一整年的吃穿玩樂，教課與賣書可要花很久的時間才有辦法追上這個數字。這對人我的層面真的是個考驗，但在那個階段，「自在與快樂」已經比這世界上任何有形有象的奢侈品重要了。

想想看，人們汲汲營營於賺錢與升職，想過更好的生活、擁有更亮麗的名銜，不論是自己有成就感還是希望他人欽羨，最終不就是為了「幸福」感嗎？那麼，我們為何不先擁有近在咫尺的輕鬆自在，而要繞路遠行，企圖透過追求名利而快樂呢？其實，人們經常在追求快樂的過程中一路扼殺快樂，早就忘了當初企求名利成就的真實目的其實是快樂。

還記得最後那兩年的公關生涯裡，我常常自問：「為何我要花這麼多時間處理一些無意義的瑣事來討好客戶？為什麼客戶一道隨口的指令下來後，大家得人仰馬翻地重整案子的頭緒，只為了怕客戶不高興？」「把那些滿足客戶胃口的心力用在靈性工作該有多好！」當時我已經在教靈性課程，兩相比較之下，自然知道自己投入的力量在哪裡會更有價值。

最終要放下的就是「做不夠快樂的事情所帶來的收入」罷了。

在《我聽見天使》這本書中，提到自己曾經做了一個小實驗。我淡出了一個系列性的案子，那是我離開公關界的前奏，這麼做會讓我即刻短收一筆約八萬元的收入，之後的損失還不在此之列……掛下那通向客戶表明意圖的電話時，我發現自己渾身緊張地濕透了。當時我剛剛離了婚，還窩居在一處頂樓加蓋的租屋處，我鼓勵自己：「田安琪，別害怕！看看這筆短收什麼時候會回來。」我打算親身實證**「喜樂吸引豐盛」**的靈性法則。我本來以為老天爺會在年度結算時補償我這筆捨棄，結果三個月不到，數字就回來了。

有了前面的親身實證，這一次雖割捨的金錢數字大得多，但已經沒那麼害怕了。我篤定地一一回覆客戶，推薦其他公關，甚至免費給予一些策略與創意上的建議。

於是我的人生更單純清爽了，教課、演講、寫作，目前為止，我每週例行的工作時數是十二小時，演講或工作坊的安排則刻意鬆散，至多一個月不會超過兩次。某一天，我興味盎然地計算著目前靈性教學的收入，竟然比以往做公關時還多，那結果著實嚇了我一大跳。

你要的是某種職銜？金錢數字？特定的某個人？還是快意與幸福？

如果是後者，那麼鼓起勇氣壯士斷腕吧！當壯士斷腕之後，一股新的能量流注入新生命時，職銜、金錢、對象反而應運而生；但經常地，會有比這三樣東西、比你想像得更好的事情發生！

03

戰爭

自勝者強

在你心中有一座山丘上的城堡，它是你鍾愛的國度，為了攻城掠地，或為固守家園，你揭竿奮戰，想以刀劍撐起那壯麗城池。

未料每一把向外攻守的刀劍，都指向綁縛繃帶的傷痕，是他人的，也是你的，越是勇猛揮斬，越是痛楚陣陣。

以戰爭取得的，不會長久。世間沒有一個為了和平的戰爭能夠真正達成目的。

戰勝自己，勝過於戰勝別人。

——老子

（註）

《老子道德經．三十三章》全文：「知人者智，自知者明。勝人者有力，自勝者強。知足者富，強行者有志。不失其所者久，死而不亡者壽。」

記憶中，以前在和伴侶相處時，總是過於認真地想解決問題：「這件事情苗頭不對，再繼續下去是不行的……一定要立馬溝通清楚，好好除掉這個問題。堅壁清野，以防後患。」看似是寄望在溝通之後便可以「調整」完畢，實則是心中無法容得下問題存在，害怕這些問題日後會無限上綱地發酵。

再看仔細點兒，才發現在那些年歲中，「未來」是可怕的東西，想像中的未來必定是很容易失去掌控的，因此，除掉了現在的問題，未來才能好好相處，彷彿無瑕的關係也才能長長久久。但真的是如此嗎？

但反而，我們在積極「讓關係無瑕」的工程中，犧牲了情分，也扼殺了關係的壽命。關係豈是「解決對方問題」的過程，它其實應該是「擴展自己」的旅程，除非擴展到能夠讓對方住進自己心量之中，否則兩個人勢必會繼續磨合……不是繼續爭吵，就是放棄地形同陌路。

我不知道有多少人能夠忍受伴侶帶著「調整對方」的心態前來溝通？這樣的溝通動機很少不會因此爭吵的，而吵架時，不是自我防衛便是攻擊彼此，但不論是前者還是後者，原因都一樣——自己受傷了。

無論看起來再怎麼像是對方的不可理喻，任何時候，只要是覺得對方錯了，那麼便表示自己受傷了。並且，在對方不可理喻之前，這個傷便存在了，那是更早於原生家庭所帶來的傷，是多生累世、亙古以來的傷。但我們還來不及認清這個事實、來不及承認自己受傷之前，小我便發動攻擊了，結果必然是兩敗俱傷。不論是理性地「調整對方」，還是情緒爆發大吵特吵地指責辱罵，最終其實是兩個受傷的小孩之間，正在比較誰的傷害比較大，正在為了捍衛自己的傷口而炮火向外。

但其實受傷的原因從來都還是來自於自身，和對方沒有關係。

要知道自己的要害在哪裡、最沉重的課題在哪裡，觀察自己在親密關係中最常受傷的地方，便八九不離十了。

雖說我們在伴侶間所感受到的矛盾都只和自己有關係，但並不是說自己悶起來檢討反省、靈修療癒就好，當然還要在實像世界有所行動。譬如，當我們在關係中改變了「反應模式」，不但自己的能量狀態會產生質變，雙方的能量交匯也將徹底轉化。

那個模式的改變，是把焦點從「指責對方」轉成「描述自己」。

以往我們說：「你為什麼每次都如何如何？」「你可不可以不要如何如何？」矛頭指向對方，語言的焦點總放在別人身上。現在你可以說：「我感覺到很受傷，我也不希望這樣，能不能讓我們想個辦法，我希望你也能幫幫我。」

我有位學生曾經是成功的職業婦女，婚後便心甘情願地辭掉工作成為專職的人妻了。一開始，她平日的生活所需都支用過去的存款，也不以為意；日子久了，後來懷孕生子，開始得向老公伸手要錢。這過程裡得要面對自己許多的內在暗影，一來是「金錢並不高尚」的信念，二來是自己「不配得」的信念。一次，她發現老公前一個月的生活費尚未匯入自己的戶頭，內心焦慮輾轉了許久，便鼓起勇氣去向老公表達這件事。起初老公一口咬定早已匯款，學生也不好持續爭執，但內心的受害者戲碼已然開始上演，好在折騰了一陣子之後，老公主動給了一筆錢。

其實說到底，這個事件的主題並非「金錢」，而是「愛」。學生的表達可以是：「我不是在乎那些錢，是在乎你的關心，每次發現自己得向你要錢的時候，我都有受傷和羞愧的感覺。」

奇蹟課程中提到：「所有的攻擊，都在呼求愛。」

如果看穿了那些別人的攻擊與自己的反擊，都是在呼求對方的愛，那麼我們何不停止攻擊，直接表達那個「我們需要的愛」呢！

04 本質

彈奏自己的樂音

你內在有一具獨特的樂器，它有獨特的材質結構與演奏方式：吹奏、彈撥、擊打……能煥發獨一無二的美麗頻率。

你是什麼樂器？你如何彈奏？你願意讓它發聲嗎？

若你抱怨自己是不成材的樂器，悠揚的樂音總是來自於別人，那麼，你需要反身尋找，在最不起眼的地方辨認出自己的能耐。

「即使是微不足道的地方，都那麼值得光耀。」內在樂器不需要聽眾，只需要被彈奏。

——聖女貞德

（註）

「她工作時有一種意志力；她小心的餵養動物、以及操作家務……她是如此的投入於天主以及聖母瑪利亞的信仰，投入之深，使得那時還年輕的我，和其他的年輕人都嘲弄她。」——柯琳（Colin），貞德童年時的朋友，供述於聖女貞德的平反審判中。

審問者：「為何天主偏偏選擇妳而不是別人？」貞德回答：「因為靠一名單純的少女而能將國王的敵人逐出，這樣可以取悅天主。」——摘錄自貞德審判的紀錄。

和多數東方家庭的孩子一樣，我從小在制式的環境中長大，並不清楚自己的天賦是什麼。但三歲多時隨家人搬到的新處所，樓下剛好住著一位鋼琴老師，據我父母所說，我在四歲多時吵著要玩「樓下叮叮咚咚的聲音」，於是極為節儉的父母花了一筆大錢買了台德國牌子的鋼琴，我便展開了一段學琴生涯。

學到了第八、九年，我才從最後一任老師那兒知道自己擁有「絕對音感」。當時那位纖瘦長髮、貌美又有個性的鋼琴老師對我極有興趣，曾向母親力薦我去上光仁音樂班，不過才國二的我竟然頗為神祕地頭腦清醒，決定將彈琴當成興趣。

於是我走上了升學班的路，一路唸到大氣物理研究所，畢業後，我的耐心只夠在氣象局的研究單位侷促半年。為了體驗多采多姿的生活，我離開單純的公家單位，職海浮沉了許多年，一直到三十四歲成為自由工作者之前，我的每一個工作都很難撐到領得到年終獎金。老實說，即使在個人工作室的時期之初，我仍然不確定自己的興趣是什麼，甭說是天賦了。

三十七歲前後，我開始接觸靈性的領域，那簡直像是擱淺的魚兒回到大海一般，我徜徉在靈性的課程、書籍、訊息，和每天的靜心與自我覺察之中，樂此不疲。當時，我非常喜歡老師介紹給我的一個國外靈性網站，每個月引頸期盼著例行披露的高靈訊息，有時候會說給身邊的同學聽；後來，同學們開始主動來問，我便在繁忙的公關事務之餘，摘要地翻譯成文字。

逐漸地，想知道的人變多了，我決定通篇翻譯。有時候，案子已忙到半夜了，我仍然在結束工作之後，興味盎然地繼續那翻譯的工作，除了無法扼抑的熱情投入，還希望讀者們能夠在每個月初即時看到，別耽誤了時效。

說是讀者，其實他們都是我靈性課程的同學們，頂多二、三十位。我翻譯完畢之後，會把自己認為重要的部分標示成有色字體，然後在發信給同學們時，再寫一份簡單的條列式摘要，連同關懷問候語，一併放在電郵的前頭；這樣一來，忙碌的同學若沒空打開譯妥的附加檔案，一樣能在開信時閱讀到這個月的重點訊息。

這樣月復一月地做著這件事，現在回想起來，雖然像是「不求回報的服務」，但其實當時心中壓根兒沒有「服務」的念頭，就僅僅是熱情地做著喜歡的事，每個月把電子郵件發送出去之後，事情就完成了、到此為止，壓根兒不會去想大家看到了沒、喜不喜歡，所以也不可能期待別人的回音。

一年之後，突然接到一通電話，那頭傳來急切的聲音：「妳為何不放『譯者』的名字？」我丈二金剛摸不著頭腦，囁嚅地問：「為何要放？」反正讀者都是自己人哪……「妳不知道很多部落格都在隨意轉載嗎？」她自己是位人氣部落客，早就忌諱那些不註明出處的轉載行為了。掛了電話，我好奇地搜尋關鍵字，霎時出現琳瑯滿目地轉載資料，讓我這個當時從不逛部落格的外行人著實目瞪口呆。

那個高靈訊息在台灣還不太發達的時期，我當時不成熟的翻譯文字就那麼剛好地成了搶手的轉載資料，的確是始料未及。在此同時，我剛剛開始帶領靈性課程，偶爾會有學生告訴我，其他人都知道我的名字了，我雖奇怪，起初也不以為意；後來才明白，我那不請自來的小小名氣，應該是從當年這純粹的興趣投入與熱情分享開始的。

清楚點兒說，純粹投入的意思是「只是投入，不求回報」，而熱情分享指得是「滿溢的能量必流向他人」。這兩項要素互為表裡，通常會同時發生。當一個人熱切的喜愛一件事，光是投入它，就是一種享受了，怎會思及其他！而那能量又是如此地洋溢飽滿，是很難不與人分享的。

許多學生問我：「什麼叫做『興趣』？要怎麼發現它？」

當我們都過著符合大家期待的人生時，的確觸及不到自己的興趣，因為興趣源自本質，而企求贏取肯定與掌聲，正扼殺著本質。

「對一件事情有『興趣』的時候，你投入的程度，會讓自己忘記時間與所處的空間。」我說：「你必須向內，而不是向外尋找興趣。那是一個向內探索自己的旅程，會有許多恐懼需要突破，因為身邊的人們會希望你走一條和大部分人相同的路。」

等你突破許多自我質疑與他人的評判，開始彈奏自己的樂音後，你的教練會出現，協奏者會出現，場地、觀眾……一一出現，就像種籽，因它自己強大的生長意圖突破堅實的土地後，陽光會來照耀、空氣就在四周一般。

附帶一提，預計在這本書出版之前，我與兩位好友有一齣樂曲的表演，我彈奏，朋友演唱，而伴奏曲剛好需要憑著音感去找到CD中的音符與和弦來完成，誰知道，我在兒時曾有的興趣會在三十年後用得上。

生命最令人讚嘆的部分就是「誰知道呢？（You never know!）」那些有關於「本質」的祕密，有關於我們從上主的身上所攜帶而來的「碎片」，你一定會想知道。若你向內尋找，必將知道。

而在你知道之後，也許還有你不知道的，將促使你繼續走這條精采的探索之旅。

多麼有趣！

05

選擇

只取一瓢飲

在眾多選項中，你必須做一個抉擇，不是看起來利益最多的，不是別人眼中最看好的，**而是你感受到最光亮的**，而你必須透過這個選擇，表達你對這耀眼光華的頌讚。

你也必須勇敢地排除一切憂懼去做這個選擇，它未必為你帶來好處，也有可能忤逆同伴與前輩的看法，但你擔起了這抉擇的所有責任，並且願意堅守與投入。

它可能是一個信念，因此你必須透過一再的試誤經驗去讓它淬煉成熟。在過程中，自我質疑必定像浪潮般一波波湧來，但你恆定的執守與滋長的智慧，會推升你到下一個襲上岸邊的浪頭。

你無法選擇眾多，那等同於沒有選擇。

——梅林

（註）

梅林（Merlin）是英國卡美拉時代（Camelot，譯註：卡美拉是傳說中亞瑟王宮廷所在地）的煉金術大師，也是聖哲曼大師的其中一個化身。梅林是一個高貴的魔術師，但不是要耍一些普通把戲的那種，而是一個偉大的煉金術高手。不幸的是，很多電影或書籍裡，梅林卻一直被一些不懂的人描述成是猶豫不決的巫師。那並不是真正的梅林，他永遠是最偉大的煉金術士，而聖哲曼幾乎是從這個星球創始以來，曾為它提供服務的偉大的大師之一。——摘自《地心文明桃樂市（二）》第七章〈紫色火焰　自由和轉變之光〉

對許多女人而言，感情與家庭都是人生中擺在第一順位的選項，我自然也是如此，至少，我本來自以為是如此。但生命中總是有許多不會剛剛好的地方，得讓我們與某人、某個情境彼此折衝與磨合，在過程裡，更進一步認清自己在社會化之前的、在恐懼剝除之後的本質樣貌。

譬如當三十歲我嫁了人之後，一心一意地想要當賦閒在家的少奶奶，雖然那種連每天起床都沒有動力的人生真的很沒意思。某天早晨，前夫正在床邊的穿衣鏡前打領帶，西裝筆挺地轉過頭來，望著蓬頭垢面的我淡淡發話：「看看妳現在這個樣子！」臉上似有若無地飄過一絲嫌惡的表情，我少奶奶的幻想無預警地在那一片刻被徹底終結，從此打起精神，再一次披掛上陣重新做回職業婦女。

看起來是為了增加自己的動力、吸引力而去工作，因此可以說，我某種程度是為了丈夫而捨棄了當時無所事事的優閒人生，這是一種會有所犧牲的折衝。

過了幾年，我不再是上班族，有了自己的個人工作室，時間變得相當自由，於是開始走內在之路，真心真意地享受在靈性與自我的探索中。前夫一開始很鼓勵我，但和許多其他案例一樣，當後來發現，竟有一樣如此神祕深邃的東西正「迷住」自己的伴侶時，神祕成了危險，深邃則暗地裡發出不可測的警訊。

我其實真正花在上靈性課程的時間並不多，除了一週一堂《光的課程》，還有大約三個月一次的工作坊，但在那段日子裡，只要一到接近工作坊的時間，家裡的氣氛便會緊張起來。或許當時有一種「我已經不是妻子生命中第一順位」的恐懼感正在前夫的心中發酵。總之，前夫在理智上並不反對我去上靈性課程，但心裡的憂懼難免反映在情緒上。

有一回，我在課後與老師和同學用餐，一想到回家後又要面臨緊繃的氣氛，心情便沉重起來，剎那之間，心裡頭的壓力與張力逼出一股氣力，我突然拍桌嗆聲：「若非得要做選擇，我寧願放棄婚姻去走靈性之路！」

命運並沒有非要逼我做出這種抉擇，但內在不斷湧出的動力，的確持續推動我走著自己的路。走呀走地，便總是一路脫落舊的、創建新的，離開婚姻二度單身便自然而然地發生了。

我本來多麼希望能同時兼顧「自我」與「婚姻」，但不幸大部分人世間的婚姻氛圍中，勢必是要犧牲自我的……而女性的犧牲程度恐怕要多一點，在人們的意識振動尚在人我層面時，要兼顧自我並同時能成全伴侶，幾乎是緣木求魚。

未婚者總把婚姻和幸福畫上等號，而已婚者總把離婚和不幸福畫上等號，但喪失自我的婚姻，其實比喪失婚姻還可悲。而能夠在離婚後擁有更完整的自我與人生……當然也包括新伴侶，其幸福度遠遠大過於矛盾叢生的婚姻生活。

「只取一瓢飲」之後，前夫如願地與新任妻子有了孩子，而我，則意外成了作家，並且順行天命地投入更多能量在靈性領域中。值得一提的是，自己的感情生活並沒有枯竭，當發現自己仍然有談小情小愛的能力時，雀躍之情難以言喻。

「只取一瓢飲」，其實不是只啜飲那一瓢而已，它反而成全了每一位局中之人更大版本的生命。

06

承認

高尚的自我欺瞞

人們譬喻生命裡的挫敗挑戰，就像「包裝醜陋的禮物」一般，當時痛苦折磨，但超越後，視野便豁然開朗，因而能認出它對自己的教導何在。

但生命裡，也常有「**包裝精美的禮物**」，一樣會欺瞞著認知與感受。

謙虛退讓，可能意味著害怕被嫉妒攻擊；要求完美，可能意味著害怕不夠完美；以為對親人奉獻了無以倫比的心力，其實那每一筆奉獻，可能都隱藏了委屈與交換在其中……

拆開這些禮物，那看似破敗的內容並不可鄙，可鄙的是自我欺瞞。

謙虛是你、驕傲是你；完美主義是你、害怕不如人也是你；奉獻者是你、討愛者也是你……**當承認了各種面向的自我時，內在中逃避恐懼的張力會鬆弛瓦解，更大向度的自由自在翩然出現，而來自於一切萬有的能量挹注，將得以降臨。**

——娜達（Nada）

（註）

娜達女士（Lady Nada）據說是耶穌的靈魂雙生火焰。她已接管第七道光束，是寶瓶世紀的主導光束。在這道光束下，娜達女士召喚古老治療智慧技術的記憶，並喚醒神聖的知識。她幫助擁有高度正直的人，去發展直覺與更高的超心靈能量。——摘自《新世紀揚昇之光》29〈第一至第七道光束的揚昇大師〉

某一次在課堂上，學生分享她最近開始練習「不一定要做菜給孩子吃」，她的孩子們已大學畢業多年，生活瑣事早能自理。此外，她也正在練習「只把補品拿給身體糟糕的老公」，之後對方是否使用、是否珍惜……全都練習放下。

這段話語聽得我生出一種「終於也曾經滄海」的心情。會有這樣的感懷，是因為她在孩子幼小時長年遭受老公暴力相向，老公大部分時間不是跟兄弟們聚在一起，要不就是醉醺醺地回家，然後暴烈的情緒與行為便開始恣意失控，以至於這位學生早已習慣把家計與照顧家人的責任一肩扛起，並且也多少產生了與孩子們相依為命的心境。因此即使孩子們都已經長大成人，也經常勸媽媽別為餐食忙碌，她還是堅持要自己料理三餐。

因此我說，在這段分享裡頭我最感動的，是她終於能夠**辨識「什麼是責任」與「什麼是愛」了。如果僅是為了責任而給出，這其中便隱含著「愧疚」（不給出就會譴責自己）或「討愛」（期望付出能有回應），那麼再怎麼認真付出，出現的結果也不會是正面的。因此我們會看到許多委屈不已的例子，看似在彼此對待中是傾斜而不公平的關係，但從能量層面來看，還是因果有序的。**

所以**「為何而努力」決定了努力的結果。**

另一個例子發生在一位年輕母親的身上，她年幼的孩子無預警地被前夫帶出國了，不僅會有一長段時間看不到孩子，她最悲憤的是自己一再被以這樣的方式對待。於是在課堂上一邊流淚一邊說：「為什麼一再發生這種事，我想看得更清楚。」「我想看清到底是不是自己縱容了別人得寸進尺？」她正在掙扎，因為親友們都支持她對前夫提告。

我沒有給答案，一方面是於心不忍，學生已經夠努力了；再則，這個階段需要的是疏通情緒，再怎麼努力探討答案也沒有用，等到情緒和緩，**平靜中必生智慧**，到時候不但較有能耐領受他人的智慧，自己也能生出新的心境與智慧。

事實上，學生當時會說「我想要看得更清楚」，多少也和我自始至終強調「自我覺察」有關。只是「止觀」是一種能耐與境界，在我們尚未能寧定自然地「靜止」在慧見中、別無旁騖時，很容易過於用力。

認真求道的人，後來變得嚴厲、無趣、具批判性，都是因為那個「努力」已經成為一種執念。前頭所說的「旁騖」，指得並非腦袋裡五花八門的雜念，而是自我覺察時生出的那些諸如自我譴責的念頭或情緒。

一個如此逼迫自己的人，想想看會散發出什麼氣息！求道是為了什麼？不是說要離苦得樂、解脫自在嗎？怎麼反而因為求道而搞得自己草木皆兵、肅穆冷漠？當然，在求道之路的後半段，必然也會連「求道之心」都一併解脫，哪來目的之有。

老子說：「沒有成道這回事兒。」「不過是渴了就喝，餓了就吃，睏了就睡罷了。」

人若能如此，才是真正契入自然之道，成為大自然的一部分。

所以，別「太努力」真正的意思是：別「有所求地努力」，順性而為就好，令自己衷心喜歡的事情自然會投入其中。在過於用力地、有目的性地認真之下，就算達到目的也不會快樂啊！

07

自發

無為　促使潛能浮現

向內觀察那些想做的、想說的、想成就的一切，是從何處而來？是從湧動的熱情之流、滿溢的愛、日積月累的時機熟成而來；還是因為太想得到、委屈、不甘心、不得不？

因此讓自己先「不做為」吧！

諸多的向外做為，正在消耗原本便空虛的內在能量。而外在的優勝劣敗，全由內在能量的豐足或匱乏所決定。

急切之心、急功近利將使人事倍功半。而「有所不為」——僅僅專注於自發性的事物中，便在累積能量，使得乾涸之地成為沃土，將滋長曾經埋種於土中的生命，自動地發芽拔莖，開枝散葉，其繁茂豐饒，彷彿得來不費吹灰之力。

因緣與成就，向來聚合於潛能俱足之處。

——老子

二〇一二年春末，我和兩位好友去環島旅行，那一天，車子在東海岸邊的公路上奔馳，來自仙境的湛藍顏色在眼前逐浪起伏。朋友從駕駛座上轉過頭來：「我們一起錄個專輯吧！」他說：「妳帶靜心，我們唱泛音。」折射的金色陽光在車窗上燦燦舞動，我立即開心允諾，跳過了頭腦的正常作業程序，沒去想製作過程，連最基本的「市場」問題也放心地擺在一邊。

只因為和這兩位朋友的頻率相符、習氣相投，也有數次愉快的現場合作經驗，所以，知道這又會是一場開心的旅程，既然開心，那麼就讓它繼續衍生開心吧。

地球上的所有事情就該這麼簡單。

於是我們每次的錄音行程都結合了美食或踏青之旅，總是混搭得恰如其分，這不是個能夠「定義與分類」的事情，當然也不會是一項「工作」。「定義」和「工作」全都是頭腦的例行性反應，人們倚賴已久，但那卻是分裂與局限之所以會產生的原因。凡「定義」的，便貼上了標籤，使人有約定俗成的觀感，就像工作被視為是肅穆之事，且必須有所「效益」一般。

因此，我們一行三人，就是乘著開心的能量，在滾滾熱情的推動之下，「不計後果」地走入了這樣的體驗之中。老實說，不計後果並不是什麼了不起的事，因為投入的過程中就在享受，非常划算。一般人若無法這麼做，無非是恐懼現實世界裡投入的成本無法回收，但在非具象的層面中發生的事情——能量層面的運作，則更接近宇宙真相。

正是那個「投入的過程中就在享受」的能量狀態，一路顯化出現實世界裡豐碩的具體成果。因為錄音過程是如此的愉快，我們很自然地把照片與心情分享在臉書上。必定是那愉快的能量吸引了眾人的眼光，在CD出來前，我們就陸續接到全省各地靈性中心的發表會邀約，第一版上市之後不久就銷售一空了。

其實在即將出版之際，我們三人才想到要討論彼此的拆帳條件。我請他們來決定，條件是他們說了算，我不還價，沒想到他們提了個太好的條件給我，感動之餘我還是還了個價，但卻是抬價而非殺價。這是個令人既榮幸又充滿了幸福感的合作，朋友之間能夠彼此體貼與信任至此，大概世間少有。

此外，值得一提的還有另一件事。我請來自己的學生為我們做封面設計，本來她不願定價，隨喜收費，在我堅持之下勉強願收半價，最後，我們給了個她的行情價。我們的概念很簡單——這是個值得「以豐盛之情對待」的作品，看似現在多花了幾千元，但那是斷章取義，在更大的圖象中，每一個豐足的能量片段，成就更大的豐足成果。

我不知道人們會如何看待這樣的合作過程，也許在世俗的觀點中，那是個風險太大的案子，我們的「成功」純粹是運氣；也許從純粹靈性的角度來看，人們又會在精神層面過於無限上綱。

在我看來，這是一個非常「合乎邏輯」且「實際」的案例。我們不只是在創造一個靈性作品，也在現實世界中做了許多事情，只是那先後次序和一般人們的操作順位是相反的：先要「心喜悅之」，再籌畫世俗之事（製作、設計、發表、行銷）。最重要的是，**因為那合作過程本身就是滋養的，因此我們自然不會只把效益聚焦在現實世界裡。**

老子的「無為」，並非是什麼都不做，而是「沒有目的性」，不為了外頭的名利成就而去做事。

「無為（ㄨㄟˊ）而為」是個由內而外的境界，如果我們始終都持守於一衷，與自己的內在緊緊連結，必定會感知到心之所向、心所喜悅的事物；那麼當投入它們時，的確不需要勉力而為，不刻意「做」什麼，自然會有從內在自然湧動而出的熱情與動力去推送著自己，成就所有一切該做之事。

08 關係

愛 是魔的獻祭

神為你打開了羊欄，好讓你——這饑渴好奇的羔羊——去尋找愛的水草地。從此，展開了愛與魔的折衝抗衡之旅。

愛的尋求之旅，其實是一段引出心魔的旅程，透過人間之愛，你認出自己的心魔，並且還要帶領它，走向愛的更高國度。

起初你認為，愛是聖壇，你崇仰頌讚，然後向它祈請、索求；愛是城堡，你認為只要住了進去，便有安全與保障。

後來，愛……是孤島，你擁有島嶼卻獨自求生，即使怨尤滿腹，也無法鼓起勇氣泅泳到汪洋彼岸。

但愛，其實是一座山，你無法擁有它，而是走向它、投入它，攀登往上，當到達了頂峰，群山萬壑全在腳下……那曾經是嗔癡愛慾的軌跡，你才知道，在那裡，已然超越了誰征服誰、誰供給了誰的臨界線，只有寬廣慈悲的視野，與神賜的暢快與感動。

在那裡，愛不是一種情感、無關乎付出或接受，它只是滿足、寬闊、暢快，它甚至不知道自己是愛。

——亞當瑪大祭司

重回單身之始，我曾以為自己已完整了婚姻與各種戀愛形式的體驗了，此時雲淡風清，再也無戀愛的需要。沒想到當時只是急需修身養息，並且，**伴侶的關係其實是來引動心魔、療癒心魔的，不只是人世間形形色色的體驗，也不只是表層彌補寂寞與彼此需要的問題而已**。對我而言，當時我並不知道，還有一個從來也沒有被伴侶關係重重激起的心魔，命運其實等待著下一個適當的時機，正要悄然掩至。

離婚兩年之後，某個春色正濃的日子，黃昏裡，我的班級正待展開接下來的課程。我暫時離開座位去茶水間，行經櫃檯時瞥見一、兩位同學正在那兒登記名字，十分之一秒的時間裡，只感覺到其中一位同學身上有光，那一剎那，啟開了一段曲折深幽的重要歷程。

原來這位同學是新來的插班生，那一堂下課後，一行人魚貫下樓推開大門，新同學指著大剌剌停在人行道上的賓士問我要不要搭他便車。後來想想，這位在班上謙和低調的同學有此「囂張大膽」的舉動，的確說明了他極具張力而自相矛盾的多樣化性格特質。

他是天生的通靈者，道行在我之上許多，在另一個領域是極有名氣的老師。對於他與我的累世過往，他顯然知道得更多，也是這緣由他才「循線」來到我的班級。

我一方面渴望能與他再續前緣，另一方面，人世間的崎嶇阻礙又是如此之多，簡而言之，這是一段確定彼此相愛但一直沒能好好在一起的戀情。也許他覺得自己還得更完備、更完美才能與我相伴，而我除了也覺得自己還不夠他所認為的完美之外，另一個不斷在這過程中絆倒自己的，是莫名其妙的「自尊自傲感」。

原來，我過去所有的戀愛對象，包括前夫，在初初認識我之時，都是非常陽性的、幾近攻擊式的追求法；交往、結婚之後，我也習慣於讓對方扛下所有「是男人就該做的事情」，所以我從來也沒有機會在伴侶關係中知道什麼是「主動」，甚至什麼是「照顧」。但這位累世宿緣的靈魂不同，他竟然也和我相同地，過去總都是被積極追求的對象。

我曾想，這一次他主動來我班上，後來在某種形勢的催逼下表達愛意，並且數次在我們拉開距離後重啟聯繫，應該已經是畢生極限了吧。而命運安排我「遭逢」這樣的對象，似乎就是要我在愛情的引誘下，突破那種自尊自傲下的被動行徑，去體驗那種主動照顧伴侶的成熟角色，否則，兩個人就只能淒美地不斷慨歎深愛彼此，但始終也無法順利地待在對方身邊了。

在關係裡，誰先追誰、誰先道歉、誰對誰比較好……形成了心理政治、能量爭奪戰，**我們之所以會認為「主動」的人便「輸了」，真正的原因是：我們還有太多恐懼會失去的。當內在更寬廣、愛更大時，便沒有什麼好輸、好折損的了，想關心時便關心，想表達便表達，不再會那麼介意誰多誰少，甚至也不介意對方是否回應。**

因為，**愛只是單純地表達自己，無關乎各種防衛、受傷的權力鬥爭。**

09

獨立

新次元人類的特質

科技正更大規模地取代人力，這看似是個人類生計上的危機，但卻也正為「回歸」之勢推波助瀾，少數人已開始運用唾手可得的天然資源，過著自耕自食的生活，不必讓自己的生計決定於能源與權勢的掌握者。

未來將有一個更大規模「反璞歸真」的革命，正好與工業革命分踞歷史的陰陽兩側，為人類的文明史畫出完美的回歸弧線。

人們的生計將不再假手於少數掌握資源的人，人們的生命將更大比例地直接仰仗大自然的供養，而因此，人們將更懂得愛惜資源、滋養土地。

但在外在世界反璞歸真之前，人們必須讓自己的內在先「回歸」。

你的生命狀態有多少成分是仰賴他人來決定的？你有沒有獨立的能力與勇氣？

獨立，才有能力愛。

獨立，是「新人類」在未來次元的指標。

——強森（Jonson）

有一回我在課堂上說：「其實到最後，每年兩百萬和五百萬過的生活不會有太多差別。」我的意思是，當人們渡過了豪奢鋪張的階段，會追求的是精緻典雅，而精緻之上品，會是在那更接近天然之所在。既然接近天然，必定淡出工商機制、行銷市場，也就是淡出了金錢遊戲，那麼花費必定不會太大。

因此我那兩百萬還是比較「保守」的說法，為得是不讓學生們在這個階段就對淡泊名利有誤解、有排斥。事實上，還用不上那麼多花費就能過著精緻的上品人生。

曾經在二〇一一年，我有機會參與當時一位朋友所發起的「生態村」運動。但合作之初，我即意識到自己並不適合繼續投身在此計畫中，不過對「生態村」那樣的生活方式又是如此嚮往，於是有一段時間，內心中其實是掙扎交戰不已的。

某一日我冷靜地問自己：「若要由我來發起『生態村』，會如何做呢？」答案立現：「我會與一、兩位志同道合的朋友，先從自己的生活開始實踐，待這少數人的生活方式逐漸成熟之後，待擁有了飽滿能量之後，若還有意吸引其他志同道合者，必定會有同頻共振的其他朋友自動聚合而來，不必費力徵召。」

「並且對生態村的規模與內容，可以先不用做紙上擘畫，我會讓它自行隨機發展，待看出其『天賦』後，再就其優勢順勢發展之。」生命會自己找到出路，那是天道所賦予的路，生態村的中心思想是「回歸天然」，當然也會是如此一般地走出自己的路。

於是後來我暫且放下了那個朋友所發起的生態村，自己先去上了幾個學期的農耕課，並且上山學種菜。不久後，我原來布滿花草樹木的花台與陽台上，又多了幾盆食用蔬菜與水果，雖不如山家能擁有大片菜園，但這是我對心中的大願先行播下的種籽。

在種菜的同一時間裡，我發現自己外食、外購的次數大量減少了，因為食物變得更精純而天然，與大部分餐廳能供給的食物已然不同，因此自然而然更喜歡不假外求的生活方式。在家料理的時間變多了，和植物們相處的時間更多了，人我社交的比例大量減少，因為已沒有那樣的需求。也許這有點兒像是：當自己的情緒能自己消化、療癒之後，便不會那麼容易地再和外境掛勾牽連，非要別人、要環境為自己的低潮困頓負責。

因此，更成熟的性情、更成熟的人生，必定是越來越獨立的。

只是，這個獨立也未必意味著要隻身在荒山中生活，那得是「內在」的獨立，在情緒不依賴、生活不依賴的品質中，反而會有更多正向能量能夠流向他人。

10 起因

盡信書　不如無書

文字是思想與感受的某種表達形式，它是「無形」在經歷衰減、實體化之後的「有形」狀態，因此要讓文字有最高形式的表現，要回歸其無形面——便是那形諸文字的起心動念。

但由於人們各自的背景與理解力，「望文生義」是常有的事，文字通常會成為人們各自投射的介質，視野愈高者，能夠領略文字奧義的程度越高。

如果僅在文字本身細究推敲，字義會像是華屋美廈，費功、好看、帶來安全感，但卻空洞，視野與體悟將被這一切所欺瞞、局限。思想滿足於住在知識的疊床架屋中，但心的體悟、生命從中的領略與實踐，因而被遺忘捐棄。

回溯文字之所以被創作的本源，那裡有了悟、有智慧與創造力。

——圖特上師

回想自己是內修的初級生時，一定是個愛發問的煩人學生。某一日我又提了個問題，老師簡單回覆後說：「事實上我們到最後是不會有問題想問的。」我大惑不解，但看看老師頗為不耐的表情，也不敢再繼續問下去。

現在的課堂上，我盡量回答五花八門的提問，但有幾種類型的問題是我難以回答的，譬如：「意志輪發出的紫色光頻率和臍輪的紫水晶之光有什麼不同？」又如：「老師，以我現在的情況，是不是該和老公分開呢？」

前者之所以難以回答，是因為這個問題本身是不存在的，**那是總想要試圖分析與比較的「頭腦」太急著想要知道答案，並且試圖去下定義、貼標籤的結果**。提問者很有可能是個初學者，還來不及進入每一個脈輪被開啟後的人生體驗中，若一旦有體驗，這個問題便消失了，兩種頻率各有滋味與奧妙，何需比較其差別。

經常地，**我們急切地需要答案，是因為恐懼作祟，恐懼不明白、恐懼未來的不確定、恐懼下錯決定會滿盤接輸**。

因此當有人問：「我該做這個決定嗎？」我不會就實像界的層面回答，我會讓對方更清楚自己目前的心理狀態，什麼能承受、什麼能學習、什麼是他正在恐懼並可以去觀察與療癒的。

並且，**兩個不同的選項，不會有錯與對、好與壞的差別，只有人們進入不同選項中**

因而體驗不同的差別，只要在體驗中持續觀照自己，保持覺察，其實兩個選擇都很好，因為靈魂只想要在過程中體驗與學習，祂並不在意結果。

「盡信書不如無書」強調的是：人們不要在書中的義理與字面上盤桓著墨太久，真正的博學大師是生命本身，絕非飽讀詩書的學者，否則便反而被書本限制住，關在字義的牢籠中成了印刷體的囚犯，還沾沾自喜而不自知。

而書籍最大的幫助，是在人們已擁有了生命體驗後，藉著前人的智慧來為自己整理、點明或者共鳴，啟發出更明確的內在知曉，或者被深深地撼動。

11

聆聽

沉默　以打開覺受

聆聽，是內在工作，在打開內在空間，在清理、脫落內在的雜質，以聽得進、聽得深，以讓美好聲音經由自己而流動。

內在寧靜，才能心領神會。

內在淨空，才能持續諦聽。

聆聽，是一種修煉。

——白居易

西洋星盤中，我的月亮在雙子座，對於與人溝通、彼此的瞭解和知心，有更高程度的感受性與要求。以往，在與朋友和伴侶之間，我會認認真真地花較多精力去描述、解釋別人可能認為是浮光掠影的心境，往往在對方一知半解或虛應故事的情況下，我會有深深的挫折感，因此除了想辦法精練自己的表述能力外，我也盡可能地去瞭解別人對我所說的話，希望別人能在我的專注與理解中得到滿足感，或至少不要有我過去在溝通中常有的失望感。

開始教課、接個案後，則更深入在「傾聽」的浩瀚國度之中，因為常常面對的是血淚泣訴，是生命中難以承受之重。而在講課時，除了得精確傳達義理之外，也希望學生們聽得細密深入，最好是不帶投射地、不偏不倚地聆聽與理解。因此，在這些過程中逐漸明白，聆聽不是耳朵的事情而已，那和「安靜」有關，首先是嘴上的安靜，其次是內心的平靜，最終是恆常的靜，即空。

「聽」比「說」的能耐更難修煉。

「聽」不是聽到而已。它不但是心領神會，而且是身心靈都處於寧靜的狀態，以至於聲音能以能量的純初狀態被擷取。

許多人有好多話想傾訴，而另外許多人即使沒有話要傾訴，也無法停止講話的欲望。這件事情很有趣，也許那可以說是體內累積的陳舊能量在尚未轉化時的必然現象。

我觀照自己這個現象許多年，直到最近這一、兩年，才稍稍能夠在發話之前真正「看」到那推動話語出去的起心動念；常常在看到時，便即刻掉落了那想要說話的欲望，及時阻止了一場無謂的能量交流或能量散失。

我曾問學生們：「為什麼人們在人群中總是不能待在長時間的安靜中？與他人相對而坐時，為什麼沒有講話時便會覺得尷尬與焦慮？」

我們習慣沒有冷場，因此連安靜都很難，甭說是平靜，因此要淨空自己以承載別人的訴說，往往是緣木求魚；所以在與人對話時，我們聽到的多半都是表淺的語意而已，很難穿透語言本身，進入發話者背後的內在狀態中。也許，當時我們正在分心於接下來自己想說的話，而非專心聆聽對方正在進行的傾訴。

如果人們平常有更多時候是沉默的，**首先**會發現，自己想要發言的欲望多半都能被觀照到，因而有能力對沒有必要的話語按下不表；**其次**，是對於別人語言描述的背後，有更多能量層面的直觀力，簡而言之，是直觀那推動話語的起心動念、能量狀態。

而**再進一步**，在更深邃的境地中，「聆聽」之力可直接展現其療癒效果。我在個案諮詢的時段中，也許並不多言，只是專注聆聽，以至於會是近似靜心的狀態；那些片刻，會感覺到周身光芒燦燦、滿室生白，個案在傾訴與流淚之後，能量將得到更大程度的釋放與滋補。說起來，也只是**以專注深入的聆聽之力直取個案內在的沉重感**，讓治療師所散放出來的光場，有機會補充更多的光能進去而已。

說到最後，聆聽已不是感官的事情，它是心力、專注力，與定靜的功力，要練就超覺狀態的聆聽之力，得先從「保持沉默」著手。

12

是非

論斷製造框架

宇宙之大，浩瀚無邊，當你執起任何一種是非價值的判斷，那麼便落在論斷構築的框架之中。而框架之外，永遠比你寬廣，那是你在一旦論斷時便無緣進入的世界。

只要採取了某種看法，那麼那個看法，便在你所看向的物體背面形成了陰影。

你的論斷與看法，都是有限的。

而無限的、更接近真理的，在它之外。

——沙鷗

在我早期的「求道」過程中，曾對自己的老師產生孺慕之情，老師也同等回應，但我們的互動自始至終止乎於禮，只是老師樹大招風，我當時又是人妻的身分，因此難免招致眾人臆測。妙得是當我後來耳聞那各路傳言時，早已清清爽爽地走到了新階段，不在這段師生關係中了，不久後，也離開了夫妻關係。

但回首過往，我深深明白那「孺慕之情」其實是可用之力，它使我當時在極大的動力中探索靈性領域，對於老師的教導指引也經常是無條件地臣服，這對於年輕時每年都要換男友、換工作的我，對於始終有自己主張的我，是極不容易的事。

我常想，要不是命運中安排了這樣的孺慕之情，來牽引（或制衡）著當時如此左腦導向的我進入靈性的道途，我應該不至於會在內在之路的探索中一日千里。如今，我自己在人師的角色中，也經常看到學生們眼中閃耀著同樣的孺慕光芒，並有幸能以深深的瞭解，繼續持守著引領者的路，好讓學生們單純地享有那「可用之力」，不致偏失。

「不倫戀」不為世俗所接受，但正好因為如此，它有著靈性的特殊意義。我從眾多個案、學生、朋友與個人的經驗中，屢屢看到「不倫戀」迫使人們為了情愛而打破世俗框架、超越可畏人言的例子。而「忠孝節義」等世俗框架，正是我們回歸內在神性中極為容易誤導與偏失的一段關卡；並非說要揚棄可貴人性，而是要從僵化的道德制約中，超越到單純以「愛」為一切作為的原初之始。

我曾有一段雙重的不倫戀，不但對方有別的對象，並且我和對方是同性的身分；有趣的是，後者對我造成的困擾並不大，反而是三角關係讓我痛苦不已，即使半年多之後對方回復單身，我們仍然沒有順利地走在一起。

「不倫」看似挑戰的是外在的社會價值觀，的確，那會是戀人一開始要面對的，不少伴侶在這個階段都敢於齊心協力地「抵禦外侮」，但最終、最致命的還是「自己」這一關……譬如婚外情若要能開花結果（例如雙方回復單身再結為連理），那麼其中最需要超越的課題便是「罪咎感」。若其中一方對於「劈腿」的罪咎感大過於在愛中健康地結束與前任的關係，那麼多角關係的藕斷絲連必定在罪咎感的驅使（而非愛的驅使）中沒完沒了，難以各自圓滿。

罪咎感來自於世間是非價值的論斷，而此論斷，又來自於我們對黑暗、不公、痛苦、危險的恐懼。想想看，**一切社會倫常義理的建立，就是為了防止失序，意欲讓人們能生活在有禮有節、康泰安樂的環境中，倘若人們的意識狀態都能提升到「無私之愛」的頻率中，還需要有成規來制約嗎？**反過來說，**內在狀態先於外在狀態，並且更為接近真相**，倘若人們只是遵守倫常，但背地裡仍然心術不正，那麼反而比濫用倫常律法更為危險。

因此究竟說來，其實應該是事事反求諸己、反求諸倫常的原始之初——「愛」，別被世俗價值觀與他人的論斷，縮限了生命的浩瀚雄偉。

13 深入

在超越之前

在即將療癒之前，會有一波更大的挑戰期，這時候可做的，就是更深入課題與痛苦，與其共處一室，去認知到，深入它並不會讓自己死亡、不會一無所有。那麼這混亂期便有如翻土整地，而新苗將從中滋生長大，終能綻放出光華四射的玫瑰。

——亞當瑪大祭司

小學的年代裡，有一個註記般的印象始終在腦海裡沒有褪去。當時我是個品學兼優的乖孩子，性格羞怯、輕聲細語，很得老師喜愛，因此經常在課堂上點名我回答問題或幫忙辦事；但我只覺得，每一次當著全班的面又被老師叫喚名字時，會有想要隱沒起來的強烈意圖。後來一路在成長的過程裡，我經常以待人謙和與包容退讓來規避被忌妒的危險。

以前不明白，因此有很長一段時間裡，我一直以為自己是個不喜競爭之人；當然，近幾年更有覺知之後，才知道自己其實還是會有「想贏」的心態，只是並未有動力要形諸於外，去真正有作為地比較與競爭。因此回頭想想，**「怕被忌妒」其實並非自謙與美德，是因為心中還有優劣好壞的論斷，所以說穿了，是怕自己太「好」，好到被別人所忌妒。**

因此要超越「被忌妒」的課題，並非一味隱沒退讓，而是繼續走自己的路，從有為到無為，直到讓優劣好壞的二元性徹底在心中被瓦解。

我曾有一位多年的知心密友，走了許久的內修之路，在我自己尚未接觸靈修領域前，聽他談這些精神領域的種種，令我心曠神怡；而我會談談自己在工作與婚姻等世俗之事中的心得，多少也和他純粹的精神屬性有所平衡、互相受益。直到有一天我真的如他所勸地開始內修，我們兩人的矛盾點才如焉啟動。

一開始，似乎是兩人信念不同所導致的矛盾，但後來我迅速在靈性圈有了不求自來的知名度，複雜的心情在兩人之間逐漸蔓延。我那「怕被忌妒」的心態又犯，而我多少也明白，對方在其視野寬廣的那一面向，正寬容著我這個已然被推上舞台的「愛現」小女子。

朋友多年間一直賦閒無事，只專注於內修，我當時覺得高人藏鋒著實可惜，於是使用手上所有資源鼓勵他開課，於是立刻班班爆滿，朋友果然一上陣便讓所有學生留下深刻印象，我一開始也於有榮焉。只是開班不久，便從不同學生處傳來消息，說朋友在班上講了些與我所教課程矛盾的說法，再加上朋友對我的態度突然間嚴厲起來，使得我當時崩潰難抑。關於此段時期的故事與省察，我的第一本書《我聽見天使》有詳細描述，這裡不再贅述。

於是我淡出了與他的友誼，心中糾結著好幾個理不清的線團。如今事過境遷已近三年，每過一段時間，就會因新的洞見與心境而有「昨非今是」的感覺。譬如後來覺察到，當時自己力推他出來開課，必然也有來自於「怕被忌妒」的心情，因為覺得自己享有靈性圈的知名度，但朋友並非如此……因此最終，**出於恐懼的動念，當然會造就負面結果**。

隨著時間過去，當線團逐漸出現頭緒時，我開始承認，我們之間的課題，已不是我單方面怕被忌妒的情況了，事實上這幾年來，他也著實展現了符合他自身程度的力量，不僅名聲傳開，麾下學生們各個對他更是崇敬有加。命運流轉如斯，現在我終於能體會他當時的心境了，那其中不只是有忌妒與比較的元素而已，還有著試圖寬待、靜觀一切的心境。

一年多前，我觀察到一個有趣的現象：不時地，便會出現一個人來告訴我，那位朋友和他的課程多麼特別，或者，我自己的學生會說，他也去上了那位朋友的課；當然，這些給消息的人們，並不知道我和那朋友的「宿緣宿怨」。每一次發生這樣的事兒，我的敏感神經便被觸動一次，對心緒複雜脆弱的小我而言，可謂是「不堪其擾」。但抽離來看，他們卻像上帝的「信使」一般地不斷前來叩門，測試我平靜與否，希望我早日醒覺。

某一次，我在一個全像式的視野中，悟到自己的「優等生」心態是怎樣地深深影響著自己的親密關係，也包括和這位曾經是密友之間的關係，當然更影響著我和歷任重要伴侶之間的關係。**我一直以來大大地誤會了，以為「優秀」是獲取「愛」的利器！有此澈悟後，我便開始在覺得自己「輸掉」、「不優」的時候靜靜觀照，甚至在過程中練習自己「享受做第二名」。**

一段時間的覺察與練習，「通風報信」的人逐漸消失了，我發現自己已能更自在而中道地聊起這段過往；更重要的是，**當自己從「習慣第一名」來到「不是第一名」的情**

境，世界變得寬廣而溫柔，這是個值得繼續待下去的身分。

在超越課題之前，各方挑戰將有如「迴光返照」一般地紛來沓至，我想那是因為個人因素與環境因素的兩相夾擊所致。一方面是「自己」對課題的覺察力更敏銳，另一方面是「天道」促使最後的挑戰前來，好讓人們速速跨越，藉此一舉平衡那剩下的業力。至於「天道」是什麼，就不可說了，它很有可能是自己的靈魂（或自己的高層意識）在企求著進展時，差遣「信使」前來挑戰自己吧。

14 情緒

讓情緒成為引路者

那些無法遏止的批判、看法、情緒，正說明了生出這些思想與情感的來源本身。

所有負面的看法與情緒感受，都來自於內在的某一處傾斜、某一種傷。

你看進了傷，便可以撰擇不是那傷，而是寂然照見的、探索遊歷的客體。

——娜芙蒂蒂

那天在上課的時侯我又說：「當我們在轉化與療癒時，要釋放掉的不只是那些情緒感受，是釋放掉『生出情緒感受的原因、癥結』。」

不要視負面的情緒感受為大敵，因為它們是珍貴的指標、引路人，它們也是我們的靈魂最初來到地球探索的目的之一。經由它，我們才有機會找到那些癥結；經由它，我們才能知道什麼是無常，什麼是永恆。

我始終覺得，是所謂修行人其過度的自我控制或下意識的優越感，以至於引起其他人用刻板印象或扭曲的標準來看待這些人。

剛剛開始上靈修課時，有一次和前夫吵架，一陣你來我往之中他說：「妳不是開始靈修了嗎？」這一招掐到蛇七寸，我立即閉嘴了，但氣到快爆炸，心中反覆盤算著各種辯解的理由：「身子弱也不是練幾堂瑜伽就能好起來呀……」、「為什麼靈修者就要為吵架衝突負責任？」不過後來倒也觀照到，那是對自己「靈修者」的身分有了過度的要求所引起的委屈，對方或許沒別的意思，只不過是和我一樣想要吵贏而已。

前陣子一位圈外大哥又傳訊說要來我家吃「我的炒飯」，我想這次不能再裝傻了，只好（自以為禮貌地）回：「我只做菜給自己的伴侶吃耶……」於是大哥說：「老伴？妳竟然有這種凡俗的期待！顯然修行還不夠。」

「道行越高看起來越平凡耶，這（看起來不夠平凡）反而是我修行不足的地方，哈哈！」雖是嘻皮笑臉調侃自己，不過心裡頭不免感慨，這世間對內修者的刻板印象還真多。

總而言之，世人會拿放大鏡或哈哈鏡來看「修行人」不是沒有原因的，內修者自己還是得放輕鬆，好好承認自己的平凡處，讓情緒流動。

並且，我們自己也別「相煎何太急」了，觀照自己就好，少去評論其他人的修行道行，以幫助彼此早早脫離所謂「修行人」的共業。

15 等待

為何不想放棄？

沒有期限的等待，可以是一只防止真相大白的浮木，也可以是航向真實自我的舟船。端看人們用等待來矇蔽，還是在等待中豐富自己。

——卓瑪

我們坐在露天咖啡座，夏末的暑氣猶存，陽光在重疊的枝葉交錯中仍然找得到流洩燦燦金光的縫隙。我一邊小口小口泯著咖啡裡的冰淇淋，一邊聆聽朋友的描述：這是她的第幾任男友……或疑似男友，我已不記得了，但劇情很相像，都是網路上聊得熱切的對象，聊著聊著就見面了，會了幾次面……就上床了，然後……問題就開始了……

兩人從床上醒來後，女人總是開始降尊紆貴，男人總是變得好忙，忙著到國外出差、忙著加班、忙著推不掉的聚會……當然她們還是保持聯絡，牽掛在兩個人之間的絲線，會隨著情緒與想像而變幻著鬆緊度，卻沒有實質重量；偶爾，男人會展現他的熱情，女人總要憑著這一次熱情來支撐好久的日子。在此之後的那段時間裡，男人會冷淡或消失，或者令她花一整個下午等他一通電話。

我總是聆聽著一段又一段舊瓶新酒的故事，不忍心徹底揭露這其中的殘敗。

我想起另一位朋友曾經愛上了個「不擅表達」的男人，他平時本來就冷冷淡淡的，很習慣悶著頭以自己的節奏過日子，對於兩個人生活上的安排沒什麼意見，但做愛的時候舌頭便竟然靈活了起來，會清楚地說明：「戴保險套不舒服。」然後做完了愛翻身就睡。

某天夜裡，女人突然再也按耐不住，在太平洋彼岸，她流著淚告訴我，自己因為受寒而狂咳了一整晚，男人依然在身側安眠，絲毫不為所動，令她委屈而悽楚，不明白為何要為他拼命吞避孕藥。

我當時為朋友義憤填膺，說了些抱不平的話，但依然沒有斷然指出真相。

多年後，一位個案前來諮詢，描述一位男性朋友與自己之間有可能的曖昧關係，我無法從中感覺到兩人的前瞻性，個案大概也從我尚無反應的狀態中猜出某些跡象……她隱約知道我並不看好這樣的「單戀」情節，於是又不自覺地重複了兩遍劇情，以強調她們之間的可能性。我必須用強大的力道中止這個想要說服我的動念，這一次，我終於直接了當地說：「不論他對妳有沒有意思，不要再花時間在他身上了！」

要讓自己猜測心意的對象，註定會讓人受傷的。我勸她把焦點放在自己身上，努力打點與調整自己的外在與內在。**有了吸引人的外在，自然會吸引到更多男人；而有了吸引人的內在，則會吸引到對的男人。**

說到底，真正的問題並不是出現在「男人不夠愛女人」的這個表象上，是**當女人們一再想說服別人「這個男人還是有跡象愛我」的時候，自我價值感正在流失。**我有時候會想，當一個女人完整地經歷了這種創傷的所有週期後，輕描淡寫地承認「他不夠愛我」或「等待只是一種不想放棄的藉口」時，必定煥發著雍容自信的氣息。

我認識不少叱吒職場的女強人，都在情感上遭逢伴侶背叛，有些人更投入工作之中，有些人則藉著創痛而尋得心靈之路來探索自己。

其中一位與老公在結縭之初，對方便遠赴國外發展，十幾年來聚少離多。老公不斷在重新創造新事業，女人也經常不問究竟地提供資助，而為他生下的兩個孩子……當然也是獨自帶大，多年間，他們都只是一年見個一、兩次面。必定是強大的等待之心支撐著這位有定見的女性，所有在她身邊的朋友都猜測男人早有小三，但眼見她並無「一翻兩瞪眼」的動向，所以便不好強迫她搜索真相。

直到某一年，她開始進入身心靈領域，迫切地想要認識那更廣泛、有著更大可能性的自己之後，某一天，我接到緊急地越洋訊息：「我終於翻找了老公的MSN，看到他與女人之間的曖昧訊息，我一邊崩潰一邊鼓起勇氣看下去，竟然發現他的曖昧對象還不只一個……」遠方的她在十八年的婚姻之後，終於敢於知道究竟。

在一段起伏較大的收拾整理期之後，這位女性換了較輕鬆的工作，與人相待時更溫柔了。結束了這段名存實亡的婚姻，展開了其他感情來叩門的可能性；最重要的是，女強人在瓦解了「必須完美」的自我要求後，才得以認識到自在寬廣、遊刃有餘的自己，她認為這樣的自己美麗極了。

16 幻象

別讓陰影活得比你真實

人們對他人的想像，是只與自己有關的幻象，這些幻象經由耽溺而變得更具象，終至腐蝕生命。它正在持續不斷地耗損一個人的創造能量。警覺自己的思緒與想像，別讓它們活得比你更真實。

——達摩

自從臉書席捲網路世界之後，不但成為主流社群網站，也「侵蝕」了不少人的現實生活。臉書彷彿為我們的生命打開了一條平行支線，在那個平行世界裡，一切似乎都是真實不虛的，可又沒有眼見為憑。當你果真面對面地與在臉書上互動多時的朋友見面，非常有可能會有極大的失望或疑惑——那個活生生在眼前的人，怎麼不若網路上口若懸河、素質高雅、厚實定靜，或幽默建談？

在我所知道的故事裡，有許多臉書故事與真實故事反差甚大的例子。例如：經常PO相偕用餐與出遊照的妻子其實已與丈夫相敬如冰了，向伴侶愛的告白的背後是繼續向其他異性放電，高談闊論那無條件之愛的大好人正無法遏止地身陷在愛情的能量爭奪戰中，而教導人們如何找到靈魂伴侶的其實和自己的伴侶已經走到盡頭了。

無可避免地，許多人藉著臉書，來認定一個人的內在素質，來推測一個暗戀對象是否鍾情於自己，藉著臉書的片面認知便開始編織旖旎美夢，越陷越深……卻都是在幻象中作文章。因此幻象中又開始分支了更多幻象，像是那部賣座電影《全面啟動》的第三層夢境一般——第一層夢境是我們的三次元人生，第二層夢境是臉書世界，而第三層夢境就是以臉書的片面資訊拿來幻想投射。

看到有些人在臉書裡外的世界迥然不同，讓我的許多學生們在課堂上提出評論與疑惑。我曾經也是如此，那段時間裡，我甚至對人們的「無法真實」有失落與失望感。但我自己又是如何呢？也許我覺知地要求了自己要誠實表達，「說」與「寫」是到位了，但是否就真能在「作為」上一以貫之？

或許，大部分時候我們也只是對自己隱惡揚善罷了，那並非不真實。想到這裡，便能夠接受臉書這個讓人選擇性表達自己的世界了。也許，我們還應該感謝它讓許多人有機會呈現善與美的精緻面吧！

我們看別人是如此這般，那麼別人看我們又是如何？

我是先學著突破恐懼來裸呈自己，才不得不開始知道大家對這些裸呈、或者對「田安琪」的看法的。數年來的確得到越來越多讀者的回應，雖然我所聽聞到的幾乎都是掌聲，不過心理一直明白，持不同看法的也一定存在，只是他們不一定表達，或者他們僅僅是沒有興趣繼續關心我的東西而已。

隨著讀者增加，回饋的面向真的更多了。一年多前，連續有兩封信來指正我。第一封信說，他看我臉書的文字時總有一種不舒服的感覺，他覺得那是我的「優越感」使然；然而第二封信卻說，我「把力量交給別人」了，他看了某一篇文章，於是認為我太在意別人的感覺，那會讓我活得很受限，他為我在這種痛苦中感到心疼。兩個人對我的看法完全矛盾，但很顯然地，那都不是我。

收到第一封信時，我立刻有被冒犯的感覺，當時心想：「那就直接刪掉我好了，何必來說？」不過我還是讓自己靜了幾秒鐘，果然，平靜中總能生出新智慧……我感受到她有被聆聽的需要，因此回：「我在聽。」

果然這三個字起了轉化作用，她又繼續說了許多有關我的事情，但溫和多了。等到話語的節奏緩慢下來時，我便說：「其實，**『我是誰』對妳而言一點也不重要，不用花時間研究我，透過我來觀照自己就好。就像我此時正透過與你的互動來看我自己。**」對方剔透的回應令我很感動，他說：「我知道你的意思，每個人都是對方的鏡子，觀照自己才是重要的。我可能要想一想，謝謝！」

在這個過程中，我觀照著自己是否有被撩動的情緒；並且，在我聽到他對我有所看法時，我自己是否待在「我自己真正是誰」之中，而不妄加辯解。我經常在課堂上說，**任何對自己的辯解也只是反應自己的不夠篤定，還太介意別人的眼光罷了。事實上，當那些「不篤定」與「太介意」被觀照到後，自我辯解的勢能便會自動消失，接下來會有更高的智慧推動我們做出更適當的表達，**我想這一次經驗讓我有機會把以前所明白的觀念更進一步落實了下來。

不久，第二封信來的時候我已經領教過前頭的「速訓」了，因此雖然他文章寫得很長，把「他眼中的我」的心理狀態描述得極詳盡，措辭也頗強烈，但我比較能第一時間抽離自己來看這件事了。於是我用幾乎和前一封信相同的語言來回應他，他說：「沒錯，謝謝你的回覆。」我們沒有繼續在空幻不實的地方上浪費時間，禮貌地結束了談話。

雖然輕輕地周全了這兩個事件，但我不太想放過自己，仍然在尋思這罕見的、連續兩天負面來訊的意義是否都已經被我看見了。身旁的朋友要我別對自己太嚴苛，但沒過多久，我突然想起了那些網路表述與真實面貌有落差的人們，又更明白，那些網路表述進了我的眼底，也不過成了我的自我認知罷了，也許和對方「真正是誰」的關聯性已經不大了。

人們在看與聽時，總是「各自取擷、各自詮釋」，那些文字與語言在經過人們耳朵與眼睛的那一剎那，就已經和發言者脫離了，成了視聽大眾自己的解讀。

你所認為的，只代表你自己。而別人對你的看法，也只代表他自己。

17

回歸

投入興趣　實踐天命

打磨自己、滋養自己。當你是光亮的鑽石時，自然有高貴的待遇；當你是一片沃土時，自然草木豐饒，萬物勃發。

若為掠奪資源而戰，不如為自己養好一片能盛產豐收的沃土。拿回與人競爭的能量來供養自己，那麼生命將滋長奇蹟。

——鍾塹

剛剛開始上身心靈課時，有一位在精品公司任職的同學令我印象深刻。她個性直率坦白，藏不住心思情緒，因此不難推測，她應該會在需要社交技巧的職場上花比較多心力去適應，印象中，她當時很苦惱於自己不熟悉也沒有興趣的職場倫理與政治哲學。

有一次，聽說她終於在那家高知名度的外商公司榮升經理了，似乎對於世間法已逐漸上手；但過了不久，又聽說她想要負笈留學，正鍾情於南法的某個學校。

某一次我們私下吃飯，聽她描述與主管之間相處上的矛盾，我問她：「妳對精品真的有興趣嗎？」她說那些東西她不無興趣，但更吸引她的是另一種精品——手作工藝品。我當時雖然從事新聞公關的老本行，但已是自由工作者，所以有大量自己的時間可以做喜歡的事，包括在意外地接了文案工作之後，發現自己對文字有料想不到的熱情，於是在熱情的驅使下，不計較地為客戶寫了不少東西；第一年終了時結算，竟然發現文案的收入和公關旗鼓相當。

這件事情大大地鼓勵了我，它證實了興趣是可以讓人輕鬆賺錢的。事實上，其真正的原因是，在興趣中工作的當下，已是一種享受，金錢回饋可說是「多出來」的報酬，正因為如此，才會比較不計代價的投入，所以反而得到更多工作機會與金錢回饋。因此我把這個熱騰騰的例子說給朋友聽，也鼓勵她投入自己的興趣中。

她果真是個敢作敢當之人，沒過多久，便聽說她開始在國內外採買布料、籃子、盒子、針線等素材，投入手作藝品的國度，辭了工作，開了個部落格，興味盎然地一邊手作一邊分享。也許歐式鄉村風的浪漫氛圍真的很吸引人，也許她的手作分享充滿了實況感與實用性，一晃眼，她的部落格已是每日千人以上的點閱率，我想這在較冷門的部落格類別中是相當不容易的，我當時並不是網路的重度使用者，偶爾進去探看時，感受到那不可思議的人氣，很是驚喜。

第二次見到她時已是數年以後，聽她談及自己的近況，知道現在不只是透過部落格接一些訂製品了，還開班授課，並且有出版社前來投石問路。

而這兩年，她的書籍已然出版，也安排了國外的參訪行程，儼然是霸據一方的歐式鄉村風「織布藝品手作達人」。

世間法雖需要學習，但其目的是在鍛鍊群體生活的能耐，並且從中擴展同理心，而並非是本末倒置地，把熟習世間法當成導航人生方向的第一要務。

以我這位朋友的例子而言，與其繼續勉強自己在世間法中反覆磨合，違背天性地在職場中與人們做「不知為何而戰」的競爭，不如返回自身，立足於讓自己感到滋養的活水源頭，從這裡再出發；因為那裡是沃土，有根植於自身天賦的生命種籽，假以時日，必定綠意滿園。而尚未熟習的世間法，必定有機會在日後的生命中繼續深入。

最重要的是，我們不再是其他優秀者的複製品，而是獨一無二的，攜帶著來自上帝碎片的天命實踐者。

18

命運

自由意志　揭開宿命的真相

當今你所感受的綑綁限制與不自由，都來自於最初的自由意志。

你可以憑藉「自由意志」再一次選擇，出離的世界更廣闊，遍布新的牧草水源，但你必須以一己之力取得它。

否則，你當然可以繼續接受綑綁限制，但那是你的選擇，不是命運、也不是他人的主宰。

事實上，**那不自由之中，必有你被豢養之處。**

——阿基里斯

網友寫信給我，描述在與朋友討論自己的星盤時，朋友鐵口直斷，說她這一生始終會為情所困，她告訴我：「雖然對方只是隨口說說，但我當下有股恐懼浮現出來，有種被下咒的感覺……」看到這裡，我發現自己有一股無名火在胸中燃起！伴隨著這樣的感覺，我繼續耐心把信讀完……在信的末尾，網友提了個許多人都有的疑惑：「即使星盤那樣顯示，我有可能改變在星盤當中所會面臨的考驗嗎？我仍然可以去想像『擁有屬於自己的幸福美滿的婚姻』嗎？」

先說，那無名火不針對任何人，是來自於我看到人們對於生命的無力感而起的。長久以來，我對於弱者、或者對於自身內在的懦弱之處，有著過大的不耐。這或許會讓我自己為了要脫離弱者身分而在突破困難時過於奮力，也許會在不察之中造成別人的壓力；或者會在我面對學生或個案時，偶爾力道失去準頭。好在這些年來，在眾多提問者的磨練下，這股無名火也能夠時而轉化成激勵他人的動力。

「即使星盤那樣顯示，我有可能改變在星盤當中所會面臨的考驗嗎？我仍然可以去想像『擁有屬於自己的幸福美滿的婚姻』嗎？」這道問題中暗藏兩個玄機：第一是「命盤講的不是劇情，是推動劇情發生的本質與驅迫力」；第二，掌握自己的本質與那股驅迫力之後，就能掌握「如何創造命運」。

命盤講的是我們的個性特質，套句專業術語，它講的是「小我」的狀態，所以個性不改，小我不修，當然命運是容易推算的。譬如，一位個性衝動且好大喜功之人，當然容易生意失敗，但解盤的重點應該在「個性衝動且好大喜功」，而非「生意失敗」。不過這個世界卻像是約定俗成一般，判命者以「論事」來解命，求教者在其中接受暗示，自主性瞬間矮了一截。

瞭解這個道理之後，求教者的這一方便要自問：「我是否把自己當成命運的主人？」「隨著小我的操縱起反應」和「願意為自己的命運負責」這兩種態度，決定了此人往後的命運實況。舉例來說：一個害怕被背叛的女人，若只是去使用求符拜神安風水的方法改運，或者天天草木皆兵地檢查伴侶的行蹤，那麼此人還是跟隨著小我的恐懼起舞；劇情也許暫時獲得緩解，但終究還是會照本演出，因為這女人並沒有針對促使劇情發生的內在原因下手，命運不會有本質上的改變。但如果自己能看到每一齣生命劇情背後的因果，專注於轉化提升那「推動劇情發生的本質與驅迫力」，那麼劇情當然會隨之改變。

有時候，重點並不在劇情改變而已，而是我們自身對劇情的評價和詮釋與過往大不相同。

《我聽見天使》這本書裡有一章〈看見前世緣分的神聖性〉，其中提到，我曾在二○○八年透過靈媒管道詢問自己和前夫的事情，高靈明確地回答：「妳的丈夫與妳是緊緊相連的，這比任何事都值得尊重，妳們不會分道揚鑣，但這其中還有一些衝突。」但整整一年之後，我們在和平中分開。對於高靈當時的看法，雖然我自己已有一套解釋，不過三年後（二〇一一年）的秋天，我還是在一個機會中向這位靈媒管道求證，她說：「當時妳們的情況是不適合離婚的，妳們在『天界』曾經彼此承諾要協助對方完成的課題尚未結束。但之後的一年，妳做完了大部分的功課，於是這份天界的合約便解除了。」

這個例子不但描述了人們的確可以因為好好修煉生命的功課而改變戲碼，並且也暗示著，重生的自己可以用截然不同的角度來詮釋戲碼本身。「離婚」在普世價值之中被認為是不幸的，在我尚未做好功課之前，即使我嚮往自由，但確實也恐懼離婚；直到更深入自己的課業之後，那個恐懼逐漸解除。於是在我們分開之後，我得以較中性地看待此事，甚至能以更大的視野看待前夫與我未來的生命意義，那絕對不會是囿於世俗價值觀之中所能夠窺見的。

無論如何，要徹底地改運或者進一步地創造命運，還是要從掌握個人自我的本質著手。這裡談的不只是「瞭解本質」的這個層面，光是看透自己的命盤、窮究其理是不夠的，是要能夠透過內在修煉，真正地不被低階本質所驅使，而能從自身的更高力量，來運用自己的高階本質，一個是從、一個是主，風景完全不同。

內在修煉之後，改變的當然不是「星盤」，或者信手扭轉星體運行，而是以高階自我輕輕渡過那可能會困住小我一生的難關，視野拓展，活出新的心境與命運。

這位學生的來信代表著千千萬萬「問命者」的疑惑；但從另一方面來看，同時也反應了千千萬萬「論命者」的狀態。對於論命者而言，通常不會知道，那樣的互動中其實多半隱藏著某種危險。這危險一部分來自於對於命運的理解不夠透徹，正如問命者對於推動命運本質的不理解一般；另一部分，則是優越心所帶來的無明，論命者意欲彰顯自己主宰者的態勢，所以使用「矮化求助者」的方式來解命。這些不理解與優越感，將會為論命者與問命者結上了負面的因緣。

自古以來，算命占卜師、心靈諮商師與老師始終擁有那麼一座神祕的舞台，不論他們的身分是否被世俗價值系統所接納，而由於他們所談的是關於驅動物質世界背後的虛玄世界，所以他們的發言仍然對人們的心靈是有邏輯之外的影響力的。

換句話說，算命占卜師、心靈諮商師與老師若要基於我執來發言，是很容易遂行其效果的。我所說的不是只有「為了賺錢而控制個案，不斷回來花錢上課諮商」這回事，還包括只為了「自我彰顯」而洞穿他人的弱點，但在此之後並沒有修補與療癒的動作。

這些在舞台上握有隱形權柄的發言者，常常並不知道，自己不但冥冥中取走了別人的力量，並且因那些「自我彰顯」，而為自己與對方搭接起一條業力鎖鏈，需要比一般人更多的修持才能將它解開。

我自己身為這類角色的一份子，說出這番話語是萬般感慨的。一方面要與同道中人彼此借鏡，一方面也建議，論命者多以「激勵」的角度來與問命者對話，而不是在命中對方要害後沾沾自喜而已。事實上，我相信人們在真正通曉生命義理之後，便會自動地以正面的方式來論命的；而問命者，往往在這樣的機緣中更有力量跨出一步，邁向生命的更大版本。

無論如何，鼓勵朋友們，即使在聆聽別人準確洞穿自身的課題之時，也不要忘記自己是擁有力量的，事實上，求教的目的就是為了回復自身的力量！

19

真誠

回歸童真　表達愛

人間之愛是通往神之聖殿的道途，人們要在回歸自身的童真之後，始得坐上幸福的寶座。

人間之愛驅使人們走向另一個人，但它從來就是一個人的事。

人們透過這緊迫的愛之趨力來深入自己的內在、療癒自己的害怕與防衛，終至能像孩童一般地全然攤開自己而無所恐懼。

——娜達

前陣子有個深深的感觸，回首過往，在所有的親密關係裡，我總是無法將那個最關鍵的、卡在兩人之間的議題，用最真實的方式表達出來，要不就是分開了才敢講，要不就是任它隨風而逝……其實，彼此還在一起時，也許我們都想表達，可是小我就是恐懼直講，總是拐彎抹角粉飾包裝，或者吵架時用憤恨的語言亂講。

現在想想，我當時應該向前夫說的話是：「我好希望你能像對你媽媽那樣對我。」「我好害怕你因為你媽媽丟下我。」

但小我不爽這樣「示弱」，所以整件事情的演出就被扭曲了，用冷戰或吵架的方式來宣洩不滿！但那豈是不滿，原本不過就是渴求愛而已。

接下來的另一段感情中，我應該要說的是：「你每次提到前女友的時候，其實我都不太舒服。」

但小我還沒長大，又有那種靈修人的清白感，因此沒有正視那個不舒服，總是暗地裡消化；又由於見面不易，兩人在一起的開心與珍惜掩蓋了這一面；久而久之，才知道原來還是有壓抑，還是在害怕對方會因為我「不夠好」、「不夠大度大量」而不喜歡我或輕視我。

說這些給各位，是想鼓勵大家「給自己的親密關係一個機會」。

我們一直卡住的那個點，非常可能從來也沒有直白單純地揭露過，因為我們太害怕一講開兩人就散了。但就我所有看過的案例，**不去揭露的結果比散掉還來得可悲；而揭露了，彼此的關係才有長長久久的機會。**

給大家兩個「真誠揭露」的撇步——

一、表達自己的恐懼與害怕、期待與願望就好，別指責到對方的「錯」。

例如：「我並不是討厭你一直加班、上網，而是希望有多一點時間能夠和你出去走走、聊天，我喜歡有你陪伴。」

而不是：「你每次這樣無止盡的加班，都讓我們相處的時間變得好少，這樣和沒有在一起有什麼差別？」

二、你是想要自己是「對的」，還是「幸福的」？

想通了，就不會再執著兩人之間誰是誰非，因此，較勁的氣氛淡了，苦與委屈少了，便能以更寬廣的視野，在同理心之中表達。這樣前提之下的真實表達，不會是不懂事的直白（它雖然真實但不夠體恤），而是「見山又是山」的童真，是寬廣包容的。

有了厚度的真實，必定是充滿愛的。

20 自由

幸福來自於解除恐懼

行李沉重使人無法遠行，心有掛礙使人無法自由。

自由無須靠戰鬥而來，只須自問：「我心中有何重擔尚未卸落？」

你不是那行腳，你是你要前往的所在。

——天空

茱莉亞羅勃茲所主演的《享受吧！一個人的旅行》，裡頭描述到她與丈夫離婚的過程並不順利，雙方律師在談判桌上破局了幾次；輾轉糾纏了幾個回合，最後女主角只求一走，因此放棄所有財產分配權，搬離了才一手布置好的新家後，簡單幾只行囊便浪跡天涯了。

我在離婚前的數年之間，曾有幾次想要放棄婚姻的念頭，但每一次都發現舉步維艱，每一次，都發現自己在這個關係裡被豢養的不是只有情感，還有物質。

記得某一個舊曆年（媳婦們最不自在的日子），渡過了幾個和眾親友們密集相處的日子，終於「逃」回了台北。沒有多久，聽說公婆又要登門造訪，我覺得自己已無法繼續待在現場，於是第一次鼓起勇氣向前夫告假，提著筆電和書就出門了。

外頭寒風細雨，年假期間的咖啡館裡淒淒冷冷，一個人想著想著，又開始盤算離婚這回事兒，於是打開筆電便著手搜尋「夫妻財產分配」的相關律法規定。老實說，現在對當時搜尋到的內容早已了無印象，但回首這個過往片段，倒是常有滄海桑田之感，會為自己慶幸不已；因為，那內在之路走著走著，也不知從什麼時候開始，已不再掛念財產之事。

後來兩人決定分開，能顧及的僅僅是抱頭痛哭，根本沒想到要談什麼更實質的事情。房子是前夫的，我清楚自己得搬走，與「一個人的旅行」一般，那同樣是個我才一手布置好的新家。我一邊默默向鍾愛的新屋與頂樓花園道別，一邊積極找尋落腳之處，其他也沒多想。不久後的某個早上，我收到前夫的郵件，他竟然主動提供給我一筆金錢財產，我不可置信，感動之餘還回信問他要不要多留一點給自己。

至今我仍深信，這樣「不求自來」的物質支援，是由於自己過往金錢匱乏的恐懼被療癒之後的顯化；若我仍是那個計較離婚後能分配到多少財產的前妻，仍然在害怕一個人的生活會不如身為人妻時富足，那麼不但不可能衍生出一個「大德大量的前夫」，恐怕這段當時已在窮途中的緣分也會歹戲拖棚，兩個人都走不出去。而當我自己的匱乏感淡掉了，內在少了某種緊迫性，和前夫之間的張力便鬆弛了下來，直到關鍵的時刻到了，正果也顯現了出來。

其實，當我自己還是個對金錢物質充滿不安全感的人妻時，我所看出去的丈夫其實是對財產嚴加看管的。當時顯然是兩人之間金錢課題張力緊繃的狀態，**這其實也印證了二元世界裡「一元升起，另一元則與之抗衡」的法則，只要一邊放下了，另一邊則自然不再需要存在。**

許多人希望擁有「金錢自由」的人生，那麼以上這實際的例子可以作為借鏡。金錢自由看起來可以從「努力賺錢」下手，但這其中需要去辨識清楚，自己是否是基於恐懼而努力；若是為了逃避貧窮匱乏而為之，那麼把它當成一個階段性的過程即可，當一旦有了基本的經濟基礎之後，便得清醒地進入下一階段。因為，**真正金錢自由的練家子，必定從內在下手，從內在去創造富足——那便是持續地觀照自己的金錢態度、豐盛感，每一次金錢匱乏的恐懼發作時，便中性而不帶批判地「看著」；假以時日，「觀照」本身將鍛鍊成一道強光，一旦照向陰暗，恐懼便能予以療癒化解。而恐懼化解了，富足隨之湧現。**

「情感自由」亦復如是。情感自由並非來自於找尋到完美情人，或者擁有很多備胎情人，它來自於內在的情感匱乏被療癒，不再將自己的寂寞或情感挫折歸咎於任何人；它來自於持續地觀照自己的情感態度，每一次情感匱乏發作時，不帶批判地觀照，陪伴它、也陪伴自己，無論身邊有沒有伴侶，都必須鍛鍊自己更獨立，由內而外。

因此，自由（幸福）並非來自於擺脫或擁有了某個人、某個情境，自由（幸福）來自於解除恐懼。

它是「你自己成為自由」。

21

渴望

流動你的能量

隱而不發、阻滯不動的能量，經過長時間的抑制、累積後，將發酵變質、濃重稠密，最後會顯化成為扭曲的實像。

誠懇地表達自己，流動你的情感與渴望，生命將神采奕奕而充滿創造性。

——梅林

我有位朋友，丈夫長時間在外地工作，偶爾休假回家，也和家人互動不多，也許他覺得自己的孩子反正有妻子和父母在照顧，因此看起來這位丈夫在婚後的人生與單身時相去不遠。我這位朋友在某段時間裡心中有所不平，一開始是覺得老公漫不經心，久而久之便逐漸心情鬱結、起了疑心。

朋友的娘家姊妹眾多，因此她經常找她們訴苦，姊妹們當然挺自家人，仗義執言的仗義執言、出主意的出主意，還有旁敲側擊推理臆測的，好不熱鬧。怪不得一部好萊塢電影《女人至上》裡頭會出現這樣的經典對白：剛剛發現丈夫外遇的女人（梅格萊恩飾演）對母親訴說苦境，母親以過來人的身分給予建議，叮囑她：「千萬別把這件事告訴妳的姊妹淘！」

結果這位丈夫在能夠聽到我這位朋友的真實心情前，已經被安上了許多標籤與罪名，一齣齣眾家姊妹所編纂出來的推理劇橫陳在這對夫妻之間，**雖說是虛幻不實的劇碼，但它早已在操縱女主角的心情與作為，女主角散發出越來越多淒苦、憤懣、批判的能量，試想，這樣的氛圍誰想靠近？**

好在女主角本來是理性穩重的個性，某一天她突然想通了，鼓起勇氣向丈夫訴說了心情，也誠實地表達她這陣子以來曾經低潮到想要離婚。丈夫警省了起來，說：「我們重新來過，再試試看吧！」並且也提醒妻子，他在婚前便誠實地說明自己並不想要有孩子，是後來女人執意要生，因此便隨了她。

在一般的社會價值觀之下，也許看起來這丈夫是「自我中心」的；但他忠於自己，並誠實表達。於是，接下來便是妻子的選擇了，若要執意生下孩子，理論上便必須甘心為這個選擇負起責任。

我遇過不少個案會這麼想著：「等孩子生下來之後，他就會改變了。」雖不能斷言這是個癡心妄想，**但凡是心存「改變別人」的想法，從來不會順利，也不可能成功，因為二元世界裡「作用力引發反作用力」，你施了個作用力在別人身上，遲早收到反饋回來的力道**，那「反彈」的結果，若不是對方離你越來越疏遠，便是對方越來越反叛。

後來，我這位朋友經由丈夫的提醒，回想起自己當初的選擇，心情平復不少，對丈夫的自我中心也平添些許寬待之心。最重要的是，她不再放太多心力在注意丈夫是否花心思在家裡，決定先把自己活得開心自在。現在，她會刻意安排一些單獨的時間給自己，聽演講、喝咖啡、看電影，**焦點逐漸收回到自己身上之後，自信而自重，光彩與魅力不言可喻。**

胸中塊壘消散了，新的能量才得以灌注、進駐，生命才有機會往前跨步。

關於「情緒的釋放與表達」是如此，其實，「心中的渴望」也是如此，它不該長久耽擱，否則那「無法自我實現」的遺憾感、失敗感會日益沉重，那陳腐之氣將拖累生命的進展與光亮。因此，現在就開始實踐自己的渴望，從小小的第一步開始吧！

22

自性

去蕪存菁

事情紛亂龐雜時，能「割捨不做」比「樣樣都做」更難。

要決定「割捨不做」時，得鑽研得失，面對恐懼；而「樣樣都做」，則是規避恐懼，於是疊床架屋，希望撐起一個全能與面面俱到的角色。

長此以往，將遠離自性。

但自性蘊含著原始的力量，能展現天賦本質；而面面俱到看似不容易，但其實是庸俗化的結果，與其他面面俱到者別無二致。

——達摩

我不少學生與個案是年幼孩子的母親，通常在她們的這段生命期間，都會在「奉獻」與「自我」之間劇烈掙扎。我想，多數女人的靈魂之所以選擇進入母親的角色，其中一個主要的神聖目的，就是期望自己能透過那樣的掙扎，再一次找到更寬廣的自我；它寬廣得足以涵容更多自己所愛的人，但又不是事必躬親，不至於有所犧牲，而是在一種較超然的愛之中，看到自己與孩子、與家人之間更大的可能性。而在此之中，最需要面對與釋放的，便是身為母親而無法面面俱到的罪惡感。

曾紅極一時的美國影集《欲望城市》後來拍成電影版，裡頭那位「完美主義癖好」夏綠蒂，在片中曾被兩位年幼的孩子折磨得幾近瘋狂！當時她一邊單手抱著嚎啕大哭的嬰孩，另一手準備著當晚派對中的華麗點心，蹦蹦跳跳的姊姊雙手抹了把奶油，便往媽媽盛裝的衣裙上塗了下去，夏綠蒂當場崩潰，把自己反鎖在儲藏室中，不願意讓幫傭看到自己狼狽又無力的樣子。這個鮮活生動的劇情，恐怕是許多年輕媽媽非常熟悉……與痛恨的。

我有位個案同樣擁有一雙幼兒，一位是四歲左右的活潑女孩兒，另一位尚在襁褓中。她第一次與我諮詢時，傾訴的話語中盡是無法自處的矛盾情節：一方面已經筋疲力竭喘不過氣來，因此渴望能擁有自己的時間與空間；另一方面她卻經常懷疑自己是否尚未盡力，因此不應該只要求自己的福祉。

當我鼓勵她可以與家人協調，好爭取一點獨處的時間時，我聽到的回應是：公婆不適合帶小孩，老公也不太願意讓她放下孩子自己出門。附帶一提，由於她無法暫時放下孩子，因此這一次諮詢是透過 Skype 進行的，偶爾我會聽到個案安撫孩子的聲音穿插在我們的線上對談間。

第二次諮詢時，個案的老公特別請了假代為照顧孩子；當天，便索性全家人一起出現在我眼前。我心想，這樣一來我便可以當個不著痕跡的推手，替個案傳達心聲給老公，好讓她可以爭取到一週一天的假期。諮詢快結束時，個案與老公換手照顧孩子，老公上來與我聊了聊，「你覺得每一週讓老婆有一段時間可以出門走走、喘口氣、上個課會不會有困難？」

「我早就跟她這麼說了，只是她自己不願意，她不放心把孩子交給別人照顧。」

我恍然大悟！原來個案是被自己不願放手給困住的，看起來也許是家裡空間太小、孩子太小以至於讓自己喘不過氣；看起來也許是身邊沒有人能適任照顧孩子的角色，但事實上是許多緩衝與替代方案都被個案自己否決了，所以她無法出門呼吸自由空氣、無法單獨安靜地看書，或者去上一些自己有興趣的課。

許許多多其他年輕的母親正在演出同樣的故事。在這樣的故事裡，女主角們必須認知到，**真正的問題焦點是來自於「自己無法割捨與放手」，所有那些讓自己不自由的人事**

物，都是從這個原點演化出來的，不能歸咎於外境。而無法割捨的原因，不外乎執著要面面俱到的「完美主義」或者是「控制欲」，就像夏綠蒂，她恐懼身邊的事情會失控、不在預期中，或者恐懼自己不是個完美的好母親。

當在執念中一味要負盡全責，將大小事物一肩扛起，那麼自己頂多是「面面俱到的、不快樂的母親」，和許多其他犧牲自己的不快樂母親別無二致。但若能斟酌著放手，顧及自己的獨特性，那麼，一個快樂有活力的母親，必定能發展出更大的力量，讓周遭形成一個更大的格局，那也許是身邊的人變得更有承擔力，也許是自己能賺取更大的財力，雇用得力保姆，能讓自己無後顧之憂……**總之，「割捨不做」比「樣樣都做」更難，值得人們在此多所尋思，進而自我超越。**

23 業力

在每一個當下覺照自己

靈性意識的擴展，無法從業力的減除著手。

消除業障的動機經常是出於恐懼的，當人們希望能透過減除業力而超脫輪迴時，正好絞進另一個被恐懼攫取的業力之中。

——聖哲曼

那一天，南台灣的白色沙灘上，晴空中的燦燦金光在逐漸接近地平面時，輻射出壓倒性的豔紅色。也許是夕照正懾人心魂，或者半裹著雙足的細沙太溫暖，我和朋友多說了些「回想當年」的話，提到三十五歲時曾經為夫家試了四次人工受孕都沒有成功，世道上的認知也許是我沒有子女緣，但當時我心裡其實是鬆了一口氣。朋友貼心說：「許多在地球最後一世的靈魂都沒有孩子。」他還提到其他一、兩個被宣稱為最後一世的例子。

我本來應該沉默聆聽即可，但這幾年聽了太多自稱或被宣稱最後一世的事蹟……於是我突然好管閒事起來，正色說：「若我有能力知道眼前之人是最後一世，我會持守不說。」接著又補了一句：「如果我知道自己是最後一世，更可能沉默不說。」「最後一世」彷彿成了「靈性開展度極高」的標籤，正悄悄澆灌著小我的靈性優越感，因此我才認為這是「不可說」的祕密。反之，真正靈性超然之人，早已不介意是否最後一世，就算已然知曉是最後一世，除非有所用途，否則何須言之。

有不少人會說：「讓他人知道目前是自己的最後一世，可以好好把握地球時光。」聽來不無道理，不過，正要揚升的靈魂，總有機會去選擇是否要再次回到地球，或者繼續往更高次元的世界進展。何況，能夠是「最後一世」，代表著已經圓滿了地球經驗，已沒有「是否需要把握」的問題了。

靈性圈待久了，深深感受到這個圈子和其他所有「世俗」領域差不多。藝文圈的焦點在文字音樂影像，廣告圈的焦點在客戶媒體與廣告製作，金融圈的焦點在投資標的與政經消息……那麼靈性圈的焦點，是在各種探索自我與靈性提升的訊息與方法。若說世俗中有功利與競爭，大家在為地位與金錢而汲汲營營，那麼靈性圈中的功利是在「哪個方法對於解厄與提升最快速」，而其競爭是在「我的靈魂比較老」、「我的前世比較輝煌（我是大祭司、皇后、法老……）」、「我是XX（某個高等）星球投生而來的」……

消災解厄、減除業力的渴望並沒有錯，只是若窮究其原理時，會發現它的動機是來自於恐懼，若是如此，那麼便註定無法透過這樣的動機達到目的。我們那麼想要「淨化」、那麼想要「有靈性」、那麼想要「揚升」，無非是希望脫離苦楚或高人一等，**但離苦得樂或靈性揚升不是透過「追求」與「有目的的作為」而得的，反而是透過不斷地「回歸自我」，最終，效果不求自來。**

放下世俗中的物質遊戲很不容易，但在進入探索身心靈的世界時，仍然需要觀察自己，是否又落入了另一種虛玄層面的較量中，是否只是換湯不換藥地，在以量化的方式評量自己的「靈性成績」，衡量自己的「業力減除積分」、「靈性揚升積分」等等。

事實上，**意識的擴展只需要從一件事著手——在每一個當下覺照自己**。長此以往，生命中每一個與意識擴展有關的事情，都會一件件地，如骨牌效應般自動發生。

24 夢想

跨界共創　純真中升起的創造力

無意義的對話與社交活動，正在消耗一個人的創造能量。

安靜下來，調頻自己回復最純真、無懼的狀態，這是無限可能的創造起源。

從那裡思想、言語、行動。

——穆罕默德

那天，我在兩個電台訪談間的空檔中，隨意走進了間咖啡店，挑了角落的位置，用iPod的音樂營造了個單獨的半封閉空間，於是便拿起齊瑞爾的《創造基質》讀了起來。

裡頭說到，耶穌即使攜帶著高頻的基督意識投生地球，即使他乘願而來，要致力於提升三次元的整體意識，但早年的他，仍然需要以其血肉之軀，親身體驗販夫走卒的尋常人生。書上說：「耶穌的第一個課題計畫發生在年少的時候，是為了要完整經驗人類的旅程。那是為了要熟悉對於物質的擁有、金錢的匱乏與情緒的高低起伏等等常見的人類制約。」

看到這裡，我又動容了，有一種極為深刻地、自我印證的感動。近年來，我開始更明白過往人生經驗的深層來由與意義，因此對於書中的描述，自然產生莫大的共鳴。「前輩」以多元的三次元體驗展開地球的生命，因此得以瞭解身為人類的思維、情緒，與物質體驗上的山高水長、喜怒疾苦，若不是這樣，那些光與愛的宣說也只會是不實用的虛玄空談。

四十年間，我清楚地體驗三個截然不同的生命時期。學生時期，我大體上是個守分守紀的乖孩子，處在單純封閉的環境中。直到職海流浪的那十多年，才有機會興味盎然地探索五光十色的真實社會；當時經歷了許多種不同的行業，除了公家機關、媒體與廣告公關業之外，連行銷高價會員卡的「專案秘書」與掃街拉廣告的工作都做過，那些工作讓我有機會與許多「財富與道德不成比例」的大爺們接觸，也談了不少光怪陸離的戀愛。到了三十歲之後，我嫁為人婦，體驗在這樣的角色中如何活出自我。

因此這三個階段可說是**「追隨者期」、「經驗拓展期」、「回歸自我期」。這剛好標註了靈魂在多生累世必須走過的期間。**

而四十歲那年離開人妻的身分，不作他想地投入天命的道途中。別人看我，也許是透過教課與寫作啟發人心的靈性老師；可我越來越確定，這條天命之路上的所有風景，最後仍然是用於啟發自己的，直到最後我的內在能涵容萬物為止。

這個方向一但確定後，我更不可能自限於特定的角色之中了。

上一本書出版不久時，有一回我的農耕老師陳琦俊說，他看到我的書受到歡迎，感到非常開心。我一方面很感動，一方面突然有感而發，說：「不知道為什麼，總覺得我現在所做的這些事情也只是個過程，似乎下一個階段還有什麼會發生似的……」，於是我們談到彼此各自都有的夢想：「生態聚落」或「生態農場」。在那一天晚上，我們更進一步凝聚雙方對這個聚落的認知，更大膽地期待這個聚落會從離台北市更為接近的山野中開始發展，並且就從彼此身邊有共識的少數人開始；如果我們持續有願，那麼這個聚落會走出它自己更大的生命版本，未來能讓更多都會人藉此與大自然學習，在與大自然的互動中被療癒，甚至回歸大自然。

我仍然在夢想著要一點一滴地實踐人類未來的生活樣貌。在那樣的國度裡，人們工作是為了「自我表達」而非為了謀生；人們可以透過天賦興趣的交流便能自給自足；人們開始體驗與自然界習氣相繫的新生活，並且練習與動植物以及土地溝通，並真正明白他們也是自己的手足。當然，在那樣的狀態中，人們要傾聽內在的聲音、傾聽天使高靈們的訊息，會變得更為輕易。

在那場談話中，我想到另一位前輩，也就是為我新書寫序的蔡慶輝大哥。以世俗眼光來看的話，我想他前半生的高峰點應該是在東森電視副總經理的那段時期吧！後來機緣流轉，他在蟄伏的期間，自己在臉書上創辦了「酷新聞」，自創的獨立空間畢竟擁有其自主性。蔡老大在「酷新聞」上說：「新聞工作二十年，追求的是什麼？當自己都覺得媒體是亂源，自己還可以做什麼？」並說他：「想要營造一個充滿幸福感的理想新媒體。」

我有幸在平面與電子媒體都待過一段時間，後來也嫁給一位媒體人，我很清楚媒體人的習氣與無奈，若聽到一位資深媒體人說他要「營造幸福感的新媒體」這樣的話，其他同業恐怕會為他擔心起來吧……但**賈伯斯生前曾簡潔有力地說：「相信自己能改變世界的瘋子，才是真正能改變世界的人。」**

每個人都該有夢想，但多數人的夢想被層層世俗的負累所遮蔽，或者輕易地成為主流價值體系之下的祭品。**如果我們能分分秒秒地與自己在一起的**話，**那麼這夢想必定是**

根植於本性與天賦的，**必定不是空中樓閣的虛華空想而已。**

後來蔡大哥帶著「酷新聞」的團隊打造了ETtoday，如今這個媒體已經擁有「台灣百大網站第六大、新聞網站第一大」的榮銜了。

三年前，ETtoday新聞雲的副總編光中哥拿著我的新書，突然開口邀我寫些兩性議題的文章，要放在他們的專欄裡。我沒思考就答應了，回到家以後才想起來，我們根本沒有談到稿費這回事兒，不過反正我本來便是無條件願意投入的。

我想起，多年前「開運鑑定團」還在的時候，他們需要一些客座的占卜師偶爾上上節目，前夫當時兼任該台台長，因此多次要說服我擔任那樣的角色……我不怕鏡頭、會一點紫微和牌卡，但我瞭解媒體，因此能預期自己想講的不會是節目所要的內容，所以每一次都沒被勸服。

我不是沒想過，自己也許可以在主流媒體上說說寫寫靈性的東西，但那中間需要接軌，得要有功力把靈性的至高觀念接軌到主流市場之中；不但如此，還要能夠讓主流市場有興趣聽下去、看下去。光中哥所提供的這個機會或許會是個適當的開始，因為兩性素材會是人們怎麼談都不會疲累的議題，**而親密關係終究是靈性提升的墊腳石。**

之後我陸續為這個「名家專欄」寫了一段時期的文章，直到我停止供稿前，那些篇章都是當時在專欄中受歡迎度最高的。我無法追蹤讀者們看到這些文字之後得到什麼啟發或影響，但這段經驗，某種程度顯化了我的心念——捨棄了不適合的（主流媒體），便有投契的（媒體）前來叩門。

從五、六年前逐月閱讀邁可天使長訊息開始，就不時看到「共同創造」（Co-Create）這樣的字眼，當時完全不明白其中真義。直到現在，由於自己累積了更多在各個領域的經歷，因而能夠與不同領域的專家前輩們彼此交流、取擷，更重要的是，其中不乏「希望人們更好」的夢想。因此，我持續夢想著：有一天，這些看似不同領域的夢想家們，能夠讓夢想在制高之處交匯，在共同創造中實踐一個更大的夢想。

25 煉金

先掌握平凡事物

掌握平凡的事物——家務、飲食、生活節奏，它純然反映一個人如何對待自己，也真實反應人們的內在狀態。

——白水牛女神

為了完成這本書，我安排了個「度假寫作」的行程自肥，一整個月待在有山有海有陽光的所在，投入筆耕的生活。

這一日，我坐在看得到海的窗邊，打開民宿的電視，新聞台正在報導盛開的吉野櫻，於是，也想起數年前的某個週五，我坐上客戶的車，一路殺到淡水的天元宮賞櫻。只記得那天是個悶熱的初春之日，雖是遊人如織，我們一行四人卻自顧自地清涼，邊舔著冰棒、邊在櫻花樹旁漫步。

和這客戶合作的那八個年頭，我們從不在辦公室開會，客戶老闆總會訂個好餐廳，邀集她的副總、媒體總監以及我，一起「寓工作於美食」；後來我們默契越來越好，經常是十分鐘秋風掃落葉式地討論完畢，便迅速縱身於餐食與閒話家常中。

對於自己工作上的好際遇，心中經常泛起感恩之情。我曾多次對學生或在書中提到，當年客戶老闆聽聞我離婚的消息，好一段時間裡，每一、兩週都會找我出去吃飯，還有另兩位好夥伴做陪，那溫暖至今沒有褪去。我當時開的那個「小貴婦的烏托邦」部落格，本來就是要用來記錄這些吃喝玩樂的軌跡的。

時光流轉，後來，我不是老闆的下游廠商了，彼此成了手帕交；如今，我行走在「度假寫作」的行程中，一路從墾丁逐浪到花蓮，生命中工作與玩樂的界線越來越模糊，想來必然是受到這位手帕交的啟發。

昨兒黃昏時分完成了兩篇文章，便騎著腳踏車在花蓮市區閒晃，巷弄中尋得一家蔬食餐廳，老宅、松木、和平飲食，氛圍與理念都如此動人心弦，於是第二天中午便滿懷期待來到此地用餐與寫作。想想，這樣的人生的確是值得羨慕的。但它也不是憑空而得。

我的手帕交和我，都曾經用「生命」在工作，說是到肝腦塗地的程度也不誇張，那段歲月是累積世俗經驗、「鍛鍊下盤」的重要時期。**重視精神生活的人不能屏除「世間法」，否則也只會是書空咄咄的可憐人。**

下盤穩了，便是「煉金」的階段，練習把土煉成金、把下盤物質性的能量轉換為層次更高的能量。在這個過程中，**看起來像是要放下物質性的東西，但其實那放掉的物質，最後會轉化成為更貴重的東西，**例如更多不求自來的物質豐盛與更有品質的生活。

成熟的靈魂能在物質與靈性中遊刃有餘、互相轉換，因此與其說我們在「提升自我」，不如說是在「擴展自我」，成為各種頻率兼備並且和諧交織的協奏曲。**事實上，在靈魂的成年期，充分強調自我價值與人世間的戰功彪炳之後，進入老年期的靈魂，會越來越重視別人看不到的部分，浸淫在平凡但深邃之中，或者靜觀那隱而未發的細節之處。**

我也還在冶鍊自己的過程，寫書的這段日子以來，偶爾會擔心新書問世之後的人生，簡單來說，還是有「名相」的焦慮在：我莫名所以地被丟上了眾人之前的舞台，滿堂喝采的結果卻使我躊躇進退，不知如何走下舞台，這是我害怕的事情。

我的精神導師告訴我：「被賦予的，終究要賦予出去。」「要走下的是『內心對舞台的執著』，並不一定是物質世界中的舞台。」為我先解了套，但接下來是自己的路了。此刻，偏安在這悠閒的小鎮一隅，持續觀照與脫落這世界對自己的評分。

生命的功課與功績，只有神在看，只有新的自己才能為舊的自己打分數。

與各位共勉。

26 單獨

冶鍊收攝力　體驗自由度

單獨是趨向圓滿的唯一途徑。

單獨是不倚賴、不卸責，單獨是收攝專注力與自身的力量。

單獨時，才有機會卓然於輪迴之外，縱觀那無明中機械式的軌跡。

——老子

剛剛嫁人的那幾年，前夫需要經常到外地出差，我還蠻適應自己一個人的日子，自己上下班、打理家務、夜晚一個人獨處入眠。後來雖然他調到辦公室裡的工作，但我仍然試圖「保持清醒」，經常告訴自己不能太倚賴，因此，當時對自己能夠擁有某種程度的獨立能力，頗為自豪。回想起來，與前夫相處的那十二年間，正好是我人生中「快速擴張自我意識」的年代，在此之前，我在伴侶關係中經常是沒有聲音、不知道如何自處的狀態。

即使如此，剛剛和前夫分開的那段時間，我才發現自己對「單獨」的新身分，竟然有種始料未及地羞恥感。只要是在晚上、假日，這種原來有夫為伴的時間裡，會發現，當自己獨自一人行走在街上時，有一種被側目而視的不自在感，特別是獨自一人用餐時，心裡不自覺地想著：「他們大概會覺得這女人不知發生了什麼可憐的事吧，怎麼會在這種時間單獨來用餐……」於是匆匆結束餐食，默然離開。我離婚後，並未搬離人妻時代所居住的社區，因此現在想來，最難熬的莫過於要突破心魔，面對新家樓下那家炒飯小店吧！

這家小店是以前與丈夫經常光顧的地方，和老闆夫婦熟絡不已。恢復單身後，有一段不算短的時間裡，若返家的時間是在黃昏以後，我都要繞道而行，以避開老闆夫婦的耳目，原因當然是介意他們的關心，因為那是我和前夫固定要出門用餐與散步的時間。

但離婚又如何？單身又如何？單獨，又如何呢？

自己的心態，決定別人對自己的態度。後來，我不但自自然然地走近路回家，並且坐回店裡的老位置點菜用餐，當然是……一個人。老闆夫婦也許早已猜得一二，會對我特別親切與禮遇，我一概心領了，真誠地感謝他們，然後好好享用美食。

這是一個分水嶺，跨越這座山頭後，我徹徹底底、毫無殘渣地接受自己二次單身的狀態，並且得以更優游在「單獨」的狀態中。

於是一步步地，我才逐漸揭露單獨的奧義。如今，再度單身已有四年餘，**明白那單獨其實是「冶鍊收攝力」與「體驗自由度」的扳手，一個往內、一個往外，前者屬陰、後者屬陽。**

因為身邊沒有人可以倚賴、怪罪了；因為即使在最低潮無助的時候，也知道手帕交不能陪著自己分分秒秒；因為就算是垂淚、頹廢，也會自問還能如此這般地熬過幾個夜深人靜？最後，就只能向著自己，去更深切地探索自己也好、尋求心靈教導也好、靜心也好、使用療癒自己的各種方式也好……都是自我收攝的方式。**但最重要的，是能夠一次次憑藉一己之力地走過幽谷與暗夜，途中的風景與滋味，一覽無遺、餘韻留存；而每當橫渡幽谷、又見黎明之時，便會發現，那一切苦楚的品嘗，不但是在厚實自己的底蘊與耐受力，更是拓展自己的感知與感官能力。**

如果一個人沒有如此細緻地領受痛苦過，那麼他無法更細緻地領受這個世界。事實上，那些直觀力敏銳的人，必定先是從深入自己開始的；而單獨地走過痛苦，是深入自己最直接的方法，其實，許多最有效的方法往往看起來是最無情的。

在收攝自己之外的另一面，是大大地開展自由度。我對這一點體會甚深，也感慨甚深。因為正是孑然一人的狀態，促使我大大地解放，於是後來開了部落格，也於是出了第一本書。開始時只覺得一個人的時間很充裕，那麼就做一些過去想做而未做的事吧；但後來寫著寫著，變成了揭露自己的裸奔文，想不到逐漸也自成一格。

幾年來，我曾不只一次地與自己對話：「如果身邊有伴侶，鐵定是處處制肘，無法如此見底而全面性地揭露自己吧……」因為若要有這種程度的剖白，「殃及」身邊之人的機率很高，最後無非是在修飾遮掩之下失了真，不然便是直接放棄剖白。

時光流轉，後來自己願意有伴了，這兩年來便開始問自己：「還要繼續這樣裸奔嗎？這樣誰敢在妳身邊？」這一點曾令我挺躊躇的，畢竟外頭仍然是個男尊女卑的社會，能夠包容女伴攤開自己在大眾前的男人應該不多。**但最終，那個促使我揭露自己的內在呼喚太強大了，因而我還是選擇了「自由」，才發現，其實自己可以不受限在世道之中**，於是，相信必定有那麼個人，可以大器地與這一切共處。

事實上，也真的曾有那麼個人，當我問他：「你能接受我以這樣明白的文字曝光在大眾前嗎？」他說：「妳擁抱眾生，我擁抱妳。」雖然我們至今沒有結果，不過這句話已成經典，開啟了更寬廣的可能性。

當發展出更大的自由度時，不只有機會見識到自己未曾謀面的可能性，也將從中見識到更大的自己所觸及的新機緣；於我而言，那個新機緣不只是出書，也是從自我揭露而來的「自我療癒」，以及那個不囿於世道的「自由與伴侶兩相兼備的人生」。

27

敏感

批判製造自我傷害

向外的批判之力，將同時引發一個向內的反作用力，製造自我傷害。

譬如當一個人批判他人不道德時，他會更「害怕自己沒有道德感」。

但為何需要道德感？當人們能夠以愛相待時，何需道德約束。

對道德感的強烈需要，正反應了對失去它的害怕。

卸落這些害怕，源頭之愛因而升起。

——蓮花生大士

隨著我們在靈性領域中探索，身體會陸續出現一些敏感的反應，在能量沉重混濁的地方，胸悶、頭暈作嘔、腹部疼痛、頭痛、脹氣……等症狀不一而足。

這些不舒服的情況，最初只是在忠實地反應我們身體及內在的情況，都是促使我們回返自性的因緣；簡單來說，我們的「覺受」都因共振效應而起，覺受到不舒服了，就是自身有個與不舒服共振的部分等著我們去覺察。

如果能在這裡「走對路」，那個不舒服並不會停留太久，它會在我們回到自性之後翩然離去，而單純地成為感知身外之物的指標，譬如治療師會運用這樣的覺受來感知個案的身體狀況。

但沒有「走對路」的，會誤把這些不舒服當作是靈性進展的指標，認為自己更敏銳了，分別心從這裡開始加劇；此外，由於身體的負面反應，恐懼與批判交相作用之下，便刻意地避開能量低下的人們與場合，這正好在加劇二元對立的張力。於是不適的症狀當然每況愈下。

焦點放在哪裡，哪裡就被放大。當焦點放在「自己被低下能量拖累」時，糟糕的情況當然增強；而當自己越批判低下能量時，當然越害怕自己是低下的，此時，很有可能會更積極地「清理與淨化」自己。但這一切是基於恐懼而起的，因此當然不會真正得到淨化的結果。

靈修這幾年，看到身邊許多人因為敏感體質而受苦，於是後來越來越多地方不能去，越來越多人不敢碰，我總是深深為這樣的狀態感到遺憾。我曾有至少兩年的期間，也是四處吸附濁氣而困頓其中，甚至連與伴侶的親密接觸都會有問題，當時經常是腹部脹痛到徹夜未眠，頭痛、肢體僵硬、情緒莫名地焦燥也是常有的事。幸好，某天聆聽到內在深處一個清醒的聲音：「內在之路必定是越走越輕盈、越來越自在的，不可能是越來越多人事物不能接觸！」從那一刻，我至少先認清了「『敏感體質受苦症侯群』只是一個過程，並非終極」。自此，開始快速與症候群脫勾；最終，領略到**「眾生平等」的慈悲心，正是種種卡陰症狀的終極解藥**。我因此而提醒自己「從事靈性工作不能挑選工作場域」。

我曾有兩個教室，一個在地下室，一個是超過五十年頹圮破舊的公寓。前者曾在淹水之後蟑螂肆虐並且發出陰濕的霉味，我會在講完三個小時的課之後，舌頭和喉嚨呈現發炎狀態；而後者，因為杵在大馬路旁邊，除了老舊之外，也很難開窗透氣，所以經常在一進教室便開始胸悶頭暈。

但合該是時候到了，那個地下室後來鹹魚翻身，成為更多人想要運用的場域，所以經常維護清掃，讓它在短期內有了個能量的跳躍。而某一天，另一間教室的主人告訴我，接下來她要搬到一個更大更新的地方。記得我在新教室上課的第一天，當心中感恩地對全班同學說著這新教室的舒適溫馨時，眼角竟然濡濕了起來。也許，是感受到那不求自來的回報吧！

內修的確會讓我們更敏感，但不應該讓我們變得更難伺候。若說修持有那麼丁點兒目的的話，是讓我們解脫執著，而非感受更多限制。對「場域」是如此，對人，更是如此。

我常常向敏感體質的朋友們說：「泰瑞莎修女只會去更黑暗的地方。」

28

強調

彰顯的　便是缺乏的

所彰顯的，正是所缺乏的。

圓滿的狀態是恆定靜止的，人們之所以生出強烈的念頭、情緒感受、作為，均源於內在的傾斜。

——蓮花生大士

我們都知道「此地無銀三百兩」的故事，一個人所刻意強調的情況，正好與事實相反。若那是心虛或好強的反射動作，或者若那是一種急切的辯解動作，那麼是比較容易理解的，譬如酩酊大醉的人總是大呼：「我沒喝醉！」又譬如罪犯會不斷辯駁自己沒有作姦犯科。

但，若那是一種正面形象的強調，就不容易辨明了。三十出頭時，我服務的那位老闆天縱英明，四十歲就打下數十家連鎖店的兩岸江山，但識人不明是她的弱點。我當時是她的左右手，某次她與我密談幾家連鎖店老闆之間的糾紛，我不願議人是非，但必須給老闆一些可用以判斷的資訊，於是中性地說：「當一個人經常強調自己很老實的時候，可能反而需要注意。」

真正老實的人，字典裡不會有「老實」這個詞彙，他已活出它、活在裡面，它是主體、亦是客體。既是如此，如何認知出已與自己融為一體的「觀點」？只有不在裡面的、有它我分別的，才會有「認知者」與「被認知者」存在。簡而言之，不是一直都老實的人，才會知道自己甚麼時候是老實的，才會強調自己是「老實人」。

當我住在一個房子裡頭的時候，我無法描述這個房子的外觀，只有當我不在房子中，遠遠地看著它，才能知道這房子的長相，這就是不在「誠實」之中時反而認出誠實的道理。

但凡是這些靈性的法則與辨識的方法，都是用來反求諸己的，把自己看清楚了，整個世界一覽無疑。

你自己經常強調什麼呢？

一個教徒或許會經常強調「慈悲」、「解脫慾望」，新時代的靈修者強調「無條件之愛」、「順流」，素食者強調「不殺生」……

或許我們先得為這裡所使用的「強調」來定義一番，以免其意義被無限上綱：當「強調」時，內在不但有種急迫感，並且認為眾人必須買單。因此，當以這樣的動力強調「愛與慈悲」時，其實反而是因為害怕「沒有愛與慈悲」而發言的。

如果因為不想看到世界被黑暗籠罩，而強調光明，那麼其實是在二元性中玩翹翹板，你在「光明」的這一端施力，那麼另一端便翹起來。原因並無奧祕處，**整個宇宙的終極歸宿便是「平衡」，黑暗是為了平衡光明而來的，「不是愛」是為了平衡「愛」而來的。**

但超越了二元性，在更上一個層次中，有一種更擴展的愛，是沒有相對性的，它包容一切，包括黑暗，這樣的愛，不會激起翹翹板效應。

我因為嗅覺與體質的關係，逐漸淘汰於我有異味的、或者吃了會過敏的食物，後來逐漸成為素食者（其實那只是一個方便的稱呼，若不是沒有別的稱謂，「素食者」這名相實在不太適合我，因為它總是予人特定的刻板印象）。

在吃素的前幾年，我曾經在班上與網路上說過：「若人們有機會回溯一盤盤美味食物一路上變化至今的樣子，一定會改變飲食習慣。」我的意思是，**我們會覺得牛排是美食，是因為那是一個極為片段的感官覺受，當人們曾與一頭牛相伴過，成為朋友，那麼感官覺受從片段性變得較為完整，這時候，絕對會改變自己對盤中食物的觀點。**那就好像養狗、養貓的朋友們不可能大吃貓狗肉一樣。我當時以為自己的表達很動人、很有道理；老實說，當時也沒人反對或嗆聲，但隨著自己素食的年歲越長，越能觀察到許多朋友對於「素食」的複雜反應，有柔性的、也有積極性的。

譬如與學生同桌進食時，會驚覺他們對於在我面前點葷食感到不自在；另一種經驗，是有些朋友會在我面前積極說明「素食會營養不良」或者「其實植物也有生命」等等道理。當時我已不再談素食的話題，**反而觀察到，即使自己默默吃素，都能引發人們的愧疚感，於是覺悟到自己更不需要強調素食這回事兒了。**

其實，領受這世界所有的現象即可，一切都在大自然的神聖秩序之中，**每一種看似再簡單不過的因緣背後，都是亙古以來的因果堆積。我一介庸俗，看不清這全像圖，何須置喙？單單純純地走自己的路、摸清楚自己就好，眾生的現象都是奧祕，接納之、尊重之。**

29

自在

自得其樂

若是為情所苦，或者為別人對自己的喜惡所苦，那麼便是拿自己的腳穿了別人的鞋。
喜歡自己，才能知道自己的長處，展現它，彈自己的曲調，唱自己的歌，讓悠美的樂音招喚聆聽的耳朵。
至少，讓自得其樂的愉悅感，激昂那想要快樂的靈魂。

——聖瑪格莉特

（註）
歐洲中世紀保佑婦女順產的聖人——聖瑪格麗特（Saint Margaret），是天主教、英國國教以及東正教都非常尊崇的一位聖人。由於在她的傳說中，曾經從巨龍的腹中脫困出來，因此聖瑪格麗特就被視為能保佑婦女順產的聖人。

前幾日才知道今天是「單身節」，雖然說不定這也是商人們的巧立名目，不過運用這些節日來為生活找點兒樂趣也不賴。

預計好今天要到附近一家頗有情調的餐廳用餐，不算特別慶祝，因為平日經常到那兒，但店長提前告訴我今天有單身特價，所以我就再找個藉口款待自己囉。避開午餐的高峰時段，我帶著幾年來的基本配備——書與小筆電——來到這裡，打算在用餐後享受看書與寫作的寧靜時光。

坐定後，我望著以前慣常盤據的位置，想著自己還可以在這裡從人妻賴到了單身，角色轉換後並沒有逃開舊環境，心臟還真的挺強的……人與境都沒變，不算是物換星移，只是這幾年來，內在經過幾番曲折與跨越，最近坐在這兒的閒適心情已經是迴旋多少次以後的「見山又是山」了。

老闆與店長都對我特別的貼心，偶爾招待個甜點或烤麵包的，並且會為我與廚房溝通特製的蔬食菜單，多年來沒有改變。今天，店長斟上一杯風味甘醇的紅酒，淺嘗一口，幸福感油然而生。

用完餐食，打開電腦，看到在臉書上有許多時日沒碰頭的前夫，默默在不顯眼的地方點了個讚，有點意外……然後我繼續昨天未完成的翻譯文章，讓紅酒與文字交織的溫潤感蔓延開來。

此時，想到不久前家裡那一瓶打不開的紅酒，我在軟木塞逐漸被開瓶器弄得殘破不堪時放棄收手，那一晚想要獨酌的計畫功虧一簣，當時有點沮喪地想著：「原來還是有自己沒辦法克服的生活瑣事……」後來被學生們笑了一頓，去買了個堪用的開瓶器，於是聽到軟木塞「啵」的一聲離開瓶口，那一秒鐘居然有一種意外的感動，然後，我在自己的「克服清單」上又添了筆成功案例。

來用晚餐的客人們逐漸聚集，我於是收拾細軟打道回府，在路上買了點芹菜與湯圓。家門口的轉角有家超級好吃的五星級炒飯，我決定在那兒買晚餐，再配上自己熬煮的紅酒匯蔬菜濃湯；如果晚點兒還有胃口，那麼就煮個紅糖芝麻湯圓，讓再度來襲的寒流過門不入。

炒飯到手，老闆還是自作主張地幫我加量。我謝了他，逕自漫步來到家門口，現在不繞路回去了……炒飯店是過去我與前夫三天兩頭就來的地方，單身之後，我偶爾得回應「妳老公最近很忙吼……」之類的閒聊。當初為了怕老闆知道我與前夫的這個「意外」，所以回家前會避開這條路線；但曾幾何時，我決定磊落點。**當自己先說服了自己，還有誰不能說服？**

在溫暖而美好的屋子裡，爐火上有滋補的蔬菜濃湯，動人的旋律從音響中流洩出來，想著睡前也許可以來個浴鹽泡澡……我突然覺得，可以活出「單身的幸福」是一個成就！這是我過去總是覺得陳義過高的狀態，覺得那也許是用來安慰單身者的美麗詞彙。

「有伴侶才有幸福」這種約定成俗的看法，恐怕已深深扎根在集體意識之中，但這制約性的觀念，卻使得幸福成為一個「被決定」的狀態，「請努力的找到伴享受幸福吧！」、「要訓練他（她）照顧妳（你）啦，這樣才會幸福！」於是我們都好怕身邊沒有人，身邊有了人之後，又開始評估他是否能為我帶來幸福……**於是我們的幸福就這樣被伴侶的狀態所左右、所控制，於是我們開始在感情中失去自我。**

那麼何不先擁有一個人的幸福呢？即使未來身邊多了個伴，還能多賺一倍的幸福。「萬法由心造」，我們身邊的一切正如實地由自身內在之境幻化而出，那麼，**一個完整的自己，必定會吸引另一個完整的伴侶來到生命中……如果，他（她）還想要有伴的話。**

30

臣服

撥開恐懼　始能導航於內在之光

臣服、交託不一定意味著降伏在任何力量之下，它可以只是單純地在順勢而為時，不理會自身恐懼[1]的阻撓而已。

否則，臣服交託很容易變成隨波逐流，成了人們不面對自己的藉口。

事實上，當你有「不再聽從恐懼」的「無畏」時，更高力量便即刻與你共同運作，護持你，並讓奇蹟發生。

——庫瑪拉[2]

（註）

1. 譬如對未知的恐懼、對資源不足的恐懼、對自身能力不足的恐懼。
2. 庫瑪拉家族來自於金星，他們的使命是帶來愛的信息和教導給所有呼喚他們的人們。耶穌即來自於庫瑪拉家族。

我有一位學生，悟性強，也很有工作能力，只是在四十歲的時候發生意外，突然變得行動不便；頓時之間整個世界縮小了，從無限寬廣變成了方寸之境，從無限多的可能性降格成了連出門都有困難。

多年以來，她雖沒有放棄醫療復健，但到底也從每次都無法見效中逐漸接受了現況。但我在想，對於行動不便的人來說，**「接受現況」應該有許多層次，有「接受自己就只能這樣」的消極層次，也有「接受現況以重新出發」的積極層次。**初識這位學生時，她介於這兩者之間，會告訴我：「我想做些什麼都得靠著E（學生的男友），他若有臉色，我也覺得不開心、提心吊膽，真的是很不自由。」我能理解他的心情，我回想，當自己是人妻時，即使好手好腳地偶爾週末去個兩三天的課程，身邊的人也偶有不快，何況學生還需要身邊的人開車接送與陪伴。

我們總是說：「上帝關了你一扇窗，會再幫你開一道門。」對於這位學生而言，上帝為她開的門是什麼呢？幾年前，她因為行動不便而有了憂鬱症，去各方求治的情況下找到了「花精療法」，這家診所的醫師剛好也是我的學生，因此推薦她去聽聽我的課程。就這樣，她開始進入身心靈領域，接觸各種靈修方法，由於行動力有限，反而得以心無旁騖地投入這些探索自己的方法中。

當然，讓她能夠優游在各家方法之中真正的原動力，還是她真心地喜歡這些東西，對於使用各種方法去探索自己，擁有不滅的好奇心。因此幾年來，學生陸續向我提了幾次自己的夢想——開設一所靈性學堂。我認為這個夢想太適合她了，**通常，夢想能夠成真、並成功，是來自於長期投身的興趣具體成形、並大量分享出去之後的結果。**

果然，機會來了，學生的親戚所投資的一家公司裡，多出了幾個尚未運用的空間；在幾次交涉後，這個空間提供給學生使用，因此進行了好一陣子的課程、諮商或者個人靜心之用。但畢竟這兒不是獨為自己擁有，公司的營運還是得先於一切，於是在兩、三年之後，此地又被收了回去。

場地被收回之前，一次，學生在感嘆之餘說：「還是順流吧！」我當時聽到這話，感受到的是無奈的氛圍，但因為學生到底行動不便，且受限於環境形勢，因此當時也沒多說什麼，只是鼓勵她一定要繼續心存夢想。

但說也奇怪，那陣子，許多人來與我述說著同樣的話題，於是我心裡不停惦量：「『順流』會不會常常在無力感的作用下成為一種安慰劑？」而：「到底『臣服交托』的真義是什麼呢？」

我想到自己的職業生涯史，就是個一路「水來土淹、兵來將擋」、「活在當下」的情況，每一個時期，我都忍不住地逕自走向當時的渴望。雖然常常也礙於世俗觀念地想要仿效大部分人們的習性，好好待在一個地方久一點，累積資歷往上爬，然後升官發財號令天下。但心中的呼聲總是大過於世間的拉扯力，於是走著走著，就從氣象局走到媒體，走到公關界，開始寫文案、帶領靈性課程、寫作出書等等。

雖然年輕時一度職海浮沉，看起來漫無目的，也覺得自己渺小無力，父母與同窗們覺得我混不出名堂，但我心中的北極星，並沒有把我從汪洋漫漫中帶到滅頂之處。放下集體意識的習性、放下父母長官的期待也許需要勇氣，但追隨心之所向的興奮感，卻是壓倒性的勝出於所有其他的約制力。

所以說，**「臣服」是聽從心中的召喚，而「交托」是開放宇宙的力量進來與自己偕手合作，都是正面積極的，一體兩面，相輔相成，並非不知所以然地處於「被擺布」的狀態。**

自從暫時停止了那個靈性空間的運作之後，這段時間以來，學生的確仍然心存夢想。起初，是那個舊場地提供的新機緣，公司打算擴大籌畫教育訓練課程，那麼學生的心靈課程便有機會「堂而皇之」地列為正式的課程之一，不再有寄人籬下的尷尬。前陣子，學生更進一步，正正式式地租了個空間，裝潢得清雅舒適，整個人也變得俐落精神，動力十足，我看到她這番模樣，只覺得蒼海終成桑田，禁不住濕了眼眶。

此時，不禁想起達賴喇嘛的智慧之語：**「如果你知道去哪，全世界都會為你讓路。」**

31 轉化

認出愛

轉化不會發生在一直努力想轉化的時候，經常，當認出我們那壯麗恆久的愛時，轉化便會自動發生。

禮讚自己所領受的美好，那等於禮讚你的整個世界，也禮讚了讓你痛苦不快的人；你內在的某個部分正在與他共享這份愛，那個純真無罪的部分放大了內在的光，照亮了原來晦暗苦澀的角落。

持守這光，我們的愛會繼續展現在你的周遭。

——耶和華

我曾有一位很親近的朋友，某一段時日，同時發生了幾件當時我認為痛心不已的事情，使得我淡出了那段關係。我並沒有讓對方明白自己的心情，雖然那一封我血淚陳情的未寄郵件仍然躺在寄件匣中……其實，一言不發並非為了懲處報復，是完全找不到適切的語言來回應。

當時，面對他一封封的來信和一通通電話，我其實是既害怕又愧疚的，並交織著沉痛的感覺。但心裡明白兩個人的緣分已盡，因為能彼此滋養與交流的基礎已經再度解離……說「再度」，因為在此之前曾發生類似的事件，這等於是第二次重演。

所以，一言不發最終還是為了斷然的捨離。

許久以來，我看著那愧疚來來去去，伴隨著增增減減的情與仇，一次次惦量著，和他的緣分到底要怎麼平衡。

我當然希望在多唸幾次「我愛妳，對不起……」四字真言之後就結案交差，但說到底，那樣深厚的情緣不是這般簡單能處理的，所以也只能一路誠實地看著自己內心的變化，隨著智慧開展，而更見底地承認自己內心深處的暗影。

前陣子，在某個靈光開啟的片刻，我想，過了這麼長的日子，他應該也與我一般有所精進，也釋懷許多吧？於是便揣摩……若此刻在路上與他遭逢，應該能夠走過去好好的說上話，甚至真情擁抱彼此。

正沉浸在編織的劇情中泛著喜悅的當口，竟湊巧輾轉傳來一句他的發言：「徑渭分明。」

我錯愕了一會兒，突然像棒喝一般地清醒了。原來過往自己花太多時間在想要「彌補他人」這回事兒了，**那些把焦點放在別人身上的想法、那些無端的揣測，全都是一廂情願的幻象。不但對彼此沒有幫助，反而讓自己的歷練誤入歧途。**

很奇妙，幻象破了，便油然升起一股提升之力，剎那間視野開展。我突然了悟，從來沒有什麼須要補償的、沒有什麼需要為他擔心的、沒有什麼需要自我表明的，沒有那些因為彼此立場不同而需要辨證的……**其實，我只要好好地接納他的選擇，任由他做所有他喜歡的、想要的事情，包括做那些當年我認為令我痛心疾首的事情。**

我只需要本本分分地繼續靜觀自己，讓光亮出來就好。

真正的療癒是發生在自己更光亮的時候，真正的療癒，是沒有方法可「達成」的。

32 失去

渴求與奉獻

渴求，引領人們進入一段兩極的體驗，一端是追求、另一端是抗拒。

但渴求不因追求而滿足，也不因抗拒而止歇。

直到兩極的體驗已成熟，開始向造物者臣服為止。到時候，隨緣應化，渴求來時則迎向前去；而其中必有得失成敗的焦慮恐懼，也迎向前去。你開始知道自己沒什麼好失去的，因為「體驗」成了主角，「自我」成了客體。

而「體驗」只會累積，不會失去。

把自己當成客體去投入每一個體驗，成為忠實的生命旅人，如同對上主、對生命的獻禮。

當如此奉獻時，你成為愛的源頭，得到的將比當初渴求的更多。

——阿拉穆罕

這一段期間長居外地寫作，竟也巧得機緣與當地的讀者進行心靈諮詢。那一日，氣溫驟降，海風在窗邊呼嘯作響，我一邊起身關窗，一邊和緩氣氛中的陌生感，然後輕聲坐在女子面前，娓娓道來的親情勒索故事已然進行，我安靜聆聽。

談著談著，時間剛過一個小時，我鬆一口氣：「妳的問題看似龐雜，但梳理開來之後，其實發端只有一個；再加上妳已開始自我覺察，所以一切都不遲也不難，只要依剛剛提出的方法繼續練習，會同時在各個問題點上一起有進展。」

正準備結束當天的問答，但覺心中仍有一絲莫名掛懷，輕輕問了句：「還有事想講嗎？」女子的胸腹間傳來陣陣擾動波頻，我確定事情還沒告一段落，問：「不倫戀？」知道她才剛剛離婚，我的意思是指她目前有對象，而且從離婚前便已經展開。

畢竟海邊小鎮民風淳樸，一旦說破，躊躇的女子才得以順利開口：「二十年前我們是師生戀，當時雖男未婚女未嫁，但他說我們不能浮上檯面，我也就依了。哪知在突然分手之後不到兩個月，他便結婚了。」顯然，男人之前是腳踏兩條船，女子繼續說：「我接著也心死地隨意把自己嫁了……」二十年後，遠方陸續傳來他老婆過世、之後他觸法入獄的消息，「我想給他安慰，於是又再度開始聯絡。」

此時女子呈現另一種能量狀態，陷入自顧自的情緒國度，熱切而持續不輟地描述故事細節。我的語言已走不進去，因此靜了好一會兒，才說：「好在我們繼續往下談了，前面一小時的問題都不難，現在這個才是主要課題。」

女子說：「他現在又開始態度冷淡了，常常是拖了好久才回訊息，或者乾脆不回。」一面對談，我一面把這個問題拆解開來，指出核心之處。

女子最後問了一個很實際的問題：「我該與他斷絕聯絡嗎？」

「正好相反。**並不是建議妳必須與他繼續糾纏，而是妳現在做不到完全與他切斷關係，看看二十年前的事情現在又重演一遍就知道了。妳只能一邊繼續做妳想做的事，一邊保持自我覺照。**」

越是抗拒與壓抑，反彈的力道越大，因此不要與自己的渴望抗爭，只有最終那不動的覺照之力，才有可能溶解失衡之處。

「妳說服自己不去與他聯絡的原因，還是出於恐懼，因為妳害怕失去些什麼。譬如自尊、自我、愛。」「但『他會讓妳失去這些東西』是一個誤解，事實上，即使他不在，妳內心深處早已經覺得匱乏這些東西了。」

但這樣的感覺是幻象，要讓它回到真實，唯一的方法便是：無時無刻的自我覺照、隨時中性地看著自己，尤其是顯現匱乏感的時候。而**「不入虎穴，焉得虎子」，情感的險境、緊迫的劇碼，可以提供絕佳而密集地覺照機緣，好過總是「看似堅強但實則逃避」地離開那些所謂無望的愛情。**

故事的結局，或許一樣是女子離開了這段孽緣，但由於過程裡，她已透過自我覺察而脫落了匱乏感，那麼這段孽緣的目的便達到了，男子便不再對女子產生吸引力，業力消失，一切又再度回到平衡與平靜。

如果你也知道如何自我覺照，那麼勇敢一點，善用業力吧！

33

當下

除了安靜　沒有什麼要做的

你沒有什麼要做的，就只是安靜下來，感受此刻的祥和與平安。

憂心、痛苦、恐懼……的發生，並不在「此刻」。

——希達多

歲末寒冬，也許是一波波前腳接後腳的寒流讓人們活動意願顯著地減低，也許是這個時節的公私事瑣碎龐雜，總之，那段時間每一班同學的到課率都明顯降低，到場時間也是珊珊來遲。學生不積極，讓我也感覺到自己的上課意願低落，當然，這其中伴隨著焦慮不安與偶爾在枯等遲到學生時微微出現的慍火。

焦慮什麼呢？某一天夜晚的靜心前，我好好地問自己。

表層上，是對於大家在走持修之路無法貫徹始終感到憂心。我常常回想，自己當初在還是學生時，從來也沒有上課意願低落的時候，因此對其他人不同的心情無從同理，只能盡可能給予多一點激勵與提醒，然後告訴自己，要放下對學生們的期待。

但那個夜晚，在遁入安靜的片刻裡，如此簡單的問題，卻得到了空前清澈的答案：「我還是在焦慮學生越來越少。」人們最深層的恐懼必定與「生存」的議題有關，這是所有生靈的共業，是集體意識中最底層的恐懼。

那一晚，心如澄鏡，問題問對了，掩藏在地衣海草裡的溝塹始得披露出來；緊接著，便是照向深幽的智慧之光，簡潔乾脆：「妳難道不能隨時選擇開新班、收新學生嗎？」

一語擊破胸中塊壘，我那時隱時現的焦慮轉瞬間煙消雲散，緊迫的能量頓時鬆了開來。我知道自己未必會真的加開班級，但重新確信了自己「擁有選擇權，有解決恐懼的能力與能量」，那麼即使沒那麼做，心境也完全不同。

理由很間單，原來的自己是被某種恐懼箝制住了，失去自由度。後來破解了恐懼的來源，縱身而起，翻身於恐懼之上，知道自己掌握了讓恐懼消失的權柄，那麼我要讓恐懼消失——「讓學生不減反多」是遲早的事，事實上，我在理解到自己是「自由之身」的那一刻，學生的多寡已經不足掛懷了。

這世間裡的其他事實也是如此。伴侶要離開妳了，那讓妳傷心欲絕，於是不斷追究自己到底哪裡出了問題，像偵探般週而復始地，在心中拼湊所有感情生變的蛛絲馬跡，不幸的感情狀態完全控制了自己的人生；直到有一天突然發現「原來我還有機會創造新感情」時，突然雲破天開，不再執著過往的小小世界，視野因而能奔騰千里之外。

財富也是如此，我們經常花較多的時間在計算自己眼下的利弊得失，很少能想像更自由的自己能夠創造多少新的財富。往往，不再耗費能量在眼下的小利小弊，才有辦法將這些能量用作於新的、更大資源的創造；因為，**整個宇宙的資源是共用的、能量是守恆不滅的，依循宇宙法則，愛與財富的能量始終流向更敞開、更高頻的對象。**

因此，我們還有什麼需要做的？

讓自己趨吉避凶，讓自己獲取愛、獲取財富；或者讓自己更有能力、更智慧與慈悲？

無非只是透過靜觀，讓自己的恐懼更少，才能更敞開、更謙卑，然後讓涵容一切萬有的宇宙之流湧入自己而已。

34 富足

做自己的國王

舉重若輕的關鍵，是在鍛鍊內力而非妝點門面，是在向內做功而非心神外馳。人們總要先在看得見的部分追逐夠了，事倍功半，才有能力專注於看不見的部分，撥開內在廣袤無垠的空間，看那天寬地闊的城池裡豐美的水源、莊稼與壯麗山河。到時候，你有了自己的領地，做了自己的國王，於是整個外在世界都聽令於你。

——蒙巴剎

三年前，我一位客戶的業務總監突然想著：「時間不斷在前進，但我卻一直待在原地……」於是某一天，便看到她認認真真地坐在我的課堂上，她說要把上課當做第一步改變，沒想到自此便一路如骨牌效應般地翻轉了她的人生。

課上了一年，和平告別了前一段關係，她辭了工作，來到花蓮投靠經營民宿的老友，也開始打理起民宿來。接著，和老友一磚一瓦地實踐夢想——開了花蓮第一家純歐風的餐廳。破落的舊公寓在她們的手中逐漸生動起來，刷油漆、釘木樑、造吧檯、傢俱裝潢不算，連托盤這樣的細軟，都是利用邊角木材自己DIY的。如今看到門廊前花木扶疏、鄉村風味盎然的店內座無虛席的樣子，很難想像當年毛胚屋時期的寒酸樣貌。

後來她回台北幫忙媽媽的店，發現自己已提不起腳步跟上都會的快速與擁擠，而曾經熟悉的洄瀾聲，仍然時而擊打著心房。於是再度收拾行囊來到花蓮，這一次，她從「進入當地的生活方式」開始著手，她說那樣可以更瞭解這裡的風土民情，作為經營下一個美食餐廳的基礎。人力網站第一個跳出來的工作機會是「華山基金會」，專門照顧獨居老人，她順利地取得了這個職位；校長兼撞鐘的工作龐雜而辛苦，但我沒有聽到她抱怨，她說得盡是土親人親的感人故事，手舞足蹈，打從心底煥發真摯愉悅的情感。

偏鄉的資源本就貧乏，有財力的公司行號又大多在台北，很難跨區支援到基金會的分部，因此她們便要自己想辦法籌措善款，而且對象大多是在地的個體戶。花蓮的華山基金會今年度的募款目標是一百多萬，得要自己咬牙做到。

舊曆年前，這裡推出「年菜募款」活動，學生的思維是「**我必定盡力去做，接下來交給老天爺成全**」，想不到「傻人有傻福」，首先是男友學校的老師牽了線，夏韻芬（媒體人、理財專家）特別給了個廣播節目的時段來介紹這個公益活動；沒想到不滿十分鐘的訊息一結束，她的電話接不停，其中一位生活儉樸的婦人不但自己捐了款，還介紹朋友也捐了數十萬款項，最後自己又補上了一百多萬來捐贈兩台公務車給基金會。

才一個舊曆年間，她募得的款項就有兩百多萬，已經超過了一整年的目標，我聽得也眉飛色舞了起來，說她大概是基金會成立以來最傳奇的募款王牌。

基金會有認養老人的機制，每一個單位是每月一千二百元，她接到了個電話說要認養一個單位。學生知道這位認養人是清潔工，體恤地問他，會不會讓自己生活更清苦，他說：「**可以幫助別人，讓我覺得自己很有能力。**」想想，人們一生會做多少事情來證明自己的能力？而最終有什麼事情，比助人還更讓自己覺得有能力？

這才叫做徹頭徹尾的富足。

接著學生提到日昨拜訪一位老奶奶時，她的兒子正開車來探視。學生看到他車裡有小學生年歲的孩子，便隨口問：「您的孫兒嗎？」高壽的奶奶說：「我孫兒都有孩子了，他們是我兒子認養的孤兒。」奶奶家人照顧別人的孩子，自己便得到別人的照顧，果真是天道循環，善緣不止。

一連串故事告一段落，我再也忍不住地用力摸摸學生的頭：「妳走對路了！看到妳過得這麼好，真的好開心！」然後偷偷抹掉冷不妨奪眶的熱淚。

我聽得內心澎湃不已，是因為自己也是一路「做自己想做之事」的人，但是試過的人才會知道，那不是任性妄為。**要能夠定靜在這條路上，必須具備兩個能耐，其一是「放下過往」，再來是「當下盡力」**。「放下過往」是要能夠走出原來的舒適圈，即使它可能並不怎麼樣，但畢竟那是自己最熟悉的，並且能供養所需；此外，還要能夠不被「不可知的未來」恫嚇，就只是專心一意地投入眼前熱情之所在，這便是「當下盡力」。那在都是修煉，每一個微小過程都在打磨與雕琢內在，讓執著鬆脫、讓恐懼轉化。

我常常鼓勵學生，自己現在一週僅工作十二小時（事實上那真不像是「工作」，因為教課是我享受的事情），是過往上班族時期的四分之一時數，但收入卻還超過當時。也許很多人羨慕這個狀態，但那確實是眾多的「捨得」和「不計代價」換來的。

說來，學生和我的人生哲理差不多，都是**「想過什麼人生就去實踐」。那當然不一定能即刻立現，但這顆北極星始終都在內心閃閃發光，導航著人生方向，靜觀我們一路與心魔交戰，一路過關斬將，在內心開疆闢土，布建出自己的王國與水草地；於是總有一天我們會知道，自己走到哪裡都會富足，因為人在哪裡，資糧，便在那裡。**

35

分享

體察心的溫度

在給予的時候，你的心是溫暖的嗎？

若不是，那「給」之中似有不足，暫停下來就好。

若是，那麼你給予的時候便同時在享受回饋了，而那份溫暖，將進一步驅動愛的循環，

讓溫暖迴流而來。

就像河川奔流大海並不至於乾枯，因為必有天賜甘霖。

你不求而得的回饋，不一定來自於對方，而是來自於天。

——卓美森（Dromason）

這幾年專職從事靈性工作，長時間浸淫在這個新時代的領域之中，難免對於此處的某些習性、特色有些感慨。

「新時代」之所以與「舊時代」的修行有所區隔之處，便是它強調「人人內在都有神性」，深入自己以釋放黑暗，是觸及神性唯一的途徑，不假外求，這和舊時代的人們需要追隨特定宗教，以宗教領袖與大師馬首是瞻的現象有所不同。但我經常在新時代靈修者的身上，看到舊時代留下的深深印記。譬如過於軟弱的，便在大師崇拜中交出自身力量；譬如過於嚴厲的，便讓自我探索變成了自我鞭笞，也因而對他人易生批判心。

我看到的新時代領域的人們，大多是過於強調善心，因而容易失去自我的，我想這必然也是舊時代的宗教體系強調勸人為善所留下來的印記。善念善行當然沒有錯，只是那要在「自然、飽滿」的情形下油然而生，而非因為它是美德而遵從之，甚至因為不那麼做會有愧疚感，於是基於恐懼而做。

也許，靈修者都害怕自己不夠有愛吧！

「愛」這個字辭，已被渾沌不清地一再濫用，成為評判修為高低的指標，既然如此，誰敢沒有愛？人們害怕自己不是好的靈修者，或被看成不夠有靈性，因此透支自己而給出；另一方面，在親密關係中，同樣地，由於「怕失去愛」，許多人也在匱乏中不斷給出，以求留住所愛、以求問心無愧。

但每一種觀點與感受，在不同的意識層級中，會得到不同的結果。

你現在覺得「給出」才是愛，「讓別人有溫暖」才是愛，但在意識進展的下一個階段，會明白，「真實地承認自己無法給出」是一種更殊勝的愛，那是對自己的愛，此時也會明白，適時地不付出，能夠讓他人回到自己去粹煉自身力量，那種愛大過於世俗之愛；而等到自己活得更滿足時，滿溢的能量便隨緣而出，誰在身旁，便流向誰，由於並沒有「付出」的概念，因此才是「無條件」的，那是無作妙力，大自然的現象。

所以無需以「給出」來要求自己或他人，反而可以在付出時體察一下自己的心，感受它是否溫熱，還是似有壓力、似有所求、或似有焦慮？

在一片以「愛」相溽以沫的新時代領域，「愛」經常被無限上綱的情況下，「理性」與「堅定」的特質相對被抑制，無法發展。但那一陰一陽的能量，終究要在此起彼落中互相融合，以趨近意識的更高點。

其中一個新時代領域中需要強化的陽性能量，便是「識別力」。識別在矛盾掙扎中的兩端，哪一處來自較高意識；識別小愛與大愛之間的區別；也識別「批判」和「識別」的相異之處，前者來自於內在的不平衡，後者中立而明晰。

36 初衷

執起權杖與燭光的手

你想要自己是權威的，還是溫暖的？

它們都可以從愛而來，但也有可能被恐懼所推動。

當你「想要」一種形象時，不論那是權威還是溫暖，其中都有恐懼的成分。唯有由衷而來的表達，忘卻角色與形象的需要，才能與更高的意識攜手並進。

——梅林

在身心靈領域，我所帶領的「光的課程」是一個可藉以持修的、長長久久的課程。若不間斷的跟隨它的每一個級次往下走，需要四到五年的時間，因此，我會長期地與同樣的學生相處。一方面能見證到學生們對自己的觀照漸次深入，那是最欣慰的時候；另一方面，由於長時間的相處，難免會有「親則生狎、近則不遜」的情況發生，有時會讓我煩惱與失望，那麼就是我需要深入自己的時候了。

有一次，我因為某一班那陣子上課意願低落、氣氛散漫而發了頓脾氣，仔細點兒說，是有幾分刻意地讓脾氣順勢放縱了出去。也許在此之前，自己太過包容了，因此覺得壓抑的部分需要表達出來；再者，心想也許丟給班上一些「火花」，能夠激發些新的元素出來吧……至少能讓原來低落的士氣有些變化。結果我教出來的學生們果真不同凡響，有的人也以「火花」回應，有的則「以其人之道還治其人之身」，要我回去觀照自己。

老實說，因為在發作之前稍微體察過自己，那些向著我的話語還是被我收了下來，但委屈的心當然還是有的；不過，經驗告訴我，身為大家所認知的「靈性老師」，自以為能不拘泥身分地去向學生訴說委屈是不智的，那麼一來，學生會生出更多揣測與投射，徒增自己的負擔。對許多學生而言，一旦把靈性老師當成靈性進展的指標，那麼在另一面向，必也把老師的失衡現象倍數放大。

總而言之，最後當然是必須一個人消化掉這些委屈。某個下午，我來到一處新開張的安靜咖啡館，空間開闊、咖啡溫潤，視野中並沒有其他人的蹤跡，令人輕易地凝結在無時空感之中。由於當時胸中悽悱但無人可求助，於是問了自己的指導靈：「我到底要怎麼改善自己？是應該要更『權威』還是更『溫暖』呢？」

指導靈回答得很輕鬆：「誠心誠意地去教課，下了課就好好喝杯咖啡、散散心、看看書，忘了教課的事。」這段語言聽來過於簡單，但伴隨而來的能量是明心見性的。我瞬間清醒了過來，有如暢飲了一口極地高山上的清晨空氣。

原來需要調整的無關乎教學形象的分際掌握，而是自己需要享受當下。仔細說來，自己在教課的初心，便是如此。一開始，我是如何欣喜地投入靈性教學的領域，單純地享受在給出時即刻感受到的暢快感與成就感，不那麼在意學生要滿座、要精進，因為當時自知是菜鳥一枚；而如今，我同樣走在靈魂旅程的漫漫長河中、身在斑斕壯闊的一切萬有之前，又如何能以老鳥自居了呢？

我想自己只是被學生們的散漫挑到了恐懼的神經罷了，就像父母恐懼孩子有一天會離開自己，老師們也會焦慮課堂上的學生一個一個地消失蹤影。那麼看清了，自然不會轉移焦點到各種藉口上，譬如「學生們本來就應該認真上課」、「老師本來就需要有一點權威」……

在指導靈的語言能量澆灌之後，我如釋重負，知道自己的擔心只有在執取時才會存在；而當處於寬廣的視野、純然的起心動念中時，學生們的出席率與認真度從來不是問題。最重要的是，我自己是否享受於正在做的事情，我在當下的給出，永遠是最可貴的。

妙得是，正因為如此，那雨露均霑地能量流動，果然又召喚到上天持續送來的學生，如同過往以來一般。

37

生存

兌現金錢

人間的帳簿是假的，它誤導了人們對自身擁有財產的認知。真實的存款在「靈性銀行」，那裡資源豐厚，只是人人「兌現」它到物質世界的能耐不同。

兌現的關鍵在「相信」。相信了靈性涵蓋物質，那麼便打通了物質與靈性世界的連結；相信了自己資源豐厚，那麼便會勇於向內尋寶，而不再心神外馳。

——維納斯（金星意識）

我：我最近處於「青黃不接」的時期，感覺到舊的階段要過去了，但新的階段還不清楚。這半年來，我婉辭了所有的演講與工作坊邀約，前陣子還為了寫作而休假了近一個月；但回到崗位後，並沒有感覺到找回更大的動力。目前雖然不至於惶惶不安，但空空洞洞的。請問這和金錢匱乏的恐懼（或者稱之為「生存議題」）有關嗎？

答：妳的情況和「存在感」的失去有關。過去這幾年，「靈性老師」這個身分賦予妳存在感，特別是當越來越多人認識妳之後，這份存在感所帶來的外在價值愈來愈高。但因為這份存在感建立在外界對妳的身分所做的投射上，當別人不那麼投射時，或者，當妳受制於他人對妳的定義時，這份存在感便隨之扭曲或動搖。

妳雖然持續在觀照這個議題，並為擺脫投射或保持自身的獨立清醒做了不少功課，但某些因「靈性老師」這身分所帶來的羈絆，並沒有完全消失。而，「生存議題」的確和「身分議題」有關，當身分受到挑戰時，生存的方式通常也連帶受到挑戰。

生存議題是集體意識中最難撼動的部分，許多人會為了損失掉他一生也不會用到的金錢而惶惑焦慮，就是因為人們無意識地被這股集體意識底層的恐懼而驅使。

我：如何讓自己不受這股集體意識底層的恐懼影響呢？

答：有幾個歷練的階段。**首先要培養「經濟自由」的能力**，不必仰仗他人的豢養；有能力經濟獨立後，接著去**開始感受與辨識「什麼比金錢更有價值？」**，持續去探索自己有熱情投入的事物，從中體會那個價值性；最後是「**勇敢地擇己所愛，去創造，並體驗那創造物顯化為物質豐盛**」。

以上三個階段會不斷循環，人們將在重複歷練中熟習它，逐漸擺脫金錢欲望的操控，對於回應內心的召喚將更有安全感，對於自身的創造力與造物所賦予的豐盛會更有信心。

我：嗯，我的確如實地經歷過那幾個階段，也逐漸在培養那個回應內心召喚的安全感。那麼看起來，我目前的空洞感，或許也和尚未進入下一階段的那個「創造期」有關，對吧？

答：所有的創造物在幻化成形之前的狀態，都是一片渾沌（Chaos），或者稱之為「空」（Vacuum），**與其說那是什麼都沒有，不如說它是「各種可能性都有」**。當意識聚焦在其中的某一處時，該處便開始依著意念而變化；那是創造之始，在大量聚合意識能量的情況下，創造物便應運而生。

妳其實並非不知道自己會進入這樣的轉換期，階段的轉換甚且是身分的轉換，對妳而言並不陌生。秉持過往的勇氣與信心，這一次的挑戰並不會比過去大。

我：祢剛剛提到：「某些因『靈性老師』這身分所帶來的羈絆並沒有完全消失……」我應該不需要透過辭卸靈性老師的身分來脫離羈絆吧？

答：妳當然不必為了贏得自由而辭卸靈性老師這個身分，因為妳知道你是自由的，所以那便成為一個選擇權，而並非必然之徑。

我：豁然開朗！當我知道自己擁有這個選擇權時，那些羈絆感便瞬間消失大半了！謝謝維納斯，謝謝妳的智慧與愛。

38 信任

你的世界有多大？

世界有多大，由自己決定。

你可以任由一個人、一件事來操控情緒與自由，也可以決定立刻「出走」，拿回掌握自己生命的權柄。

不一定需要離開某個人、某個處所，因為真正使你痛苦、不自由的，不是它們，是你對他們的需要。看到那個「需要」所築起的牢籠，釋放自己！

——亞里斯多德

問：許多人對現在的工作不滿意，徘徊在換與不換工作的矛盾點。他們已有自省的能力，而不只是抱怨工作環境，但往往如此一來便更困惑，不知是否應該繼續在目前的工作中繼續磨練，直到內在課題過關，還是應該就現實面來判斷是否要離職？

答：在第三次元，自由不僅意味著在無邊無際的天空中展翅翱翔，它也意味著取得自由所背負的代價；因此，與其考慮是否要在目前的環境中繼續奮鬥，不如也去看看自己是否恐懼於「自由的代價」，它可能是不穩定的薪水、對未知的身分與環境產生焦慮感、在意其他人的眼光……

多數人們傾向於：不敢承認自己擁有那「過於浩瀚」的自由度，而可以優遊於各種選擇中，體驗快意人生而無須歉疚自責。

大自然存在著高於世間而主宰世間的法則與勢能，那使得一切歸於和諧的「制衡之力」，將使過動的被牽制、過靜的被推行，因此人們最終需要的是：與內在的召喚合作，在信任中前行。

多年前，一位在國外工作的好友msn給我，訴說她在工作中遭遇的難題。她的工作屬性特殊，壓力大，因此這不是她第一次抱怨工作。以往在聆聽之餘，我多少會安撫安撫，反正普天下中哪個環境沒有問題，**適應凡塵本就是靈修者的一大任務**啊！但這一次，感覺得出她的緊迫不安已經到了張力的極限，再加上她本來就是自我要求嚴謹的人，於是，一時心軟，我聽到自己竟然脫口而出：「沒關係啦，太辛苦的話就辭掉工作回來吧，反正沒過關的人生課題還有機會繼續突破呀，不必急於一時一地。」天哪！我又不是她的老媽或老公，這種話說出去誰來負責……

當天晚上，我便接到這朋友的越洋簡訊，不同於平日理性犀利的語氣，這篇文字溫暖婉約，但我仍然是看得心驚肉跳，暗喊不妙！她感謝我給予的建議，說明自己已經遞出辭呈，準備要款款包袱返回家鄉。

那真是個勇敢的決定，因為她辭掉的不只是隨隨便便就數倍於國內的待遇，事實上也辭掉了原來謀生的方式，從此不再是必須繁文縟節應對進退的上班族，而嘗試從零開始，一方面接案子，一方面在國內繼續帶領靈性課程。

在返國之初，我相信她必定曾度過許多焦慮於未來的暗夜，但**老天也沒虧待過任何聆聽內心召喚的人們**。我從旁觀者的角度來看，她確實持續地「被賦予」許多適合的工作機會，從一開始的一半本業、一半靈性工作，逐漸因本業市場緊縮而順勢接下更多靈性工作；除了原來的靈性課程帶領，也為國外老師翻譯，接著是外地的固定課程與不定期工作坊……忙得不亦樂乎。

在制高點上來看，任何選擇都可以是導向靈魂成長的轉折點，只是不同的選擇致使人們進入不同的學習旅程而已。

任何因緣都是反照自身的機會，重點不是自己要做哪個選擇，而是有勇氣面對那個選擇帶來的恐懼；更重要的是，在未來的嶄新之路上，持續地向內觀照與盡情體驗。

39

瞭解

下看上　盡是投射

解決他人的問題，必須和他人共飲一杯水，方能知其冷暖；但並非進入對方的世界中與其同苦同悲，而是回返自身的純初狀態去感受與對方共振之處。當安住在自身的光源中，對方便會循光而來，在這光場中釋放黑暗。

能卸下越多老舊的信念與判斷，越能回返那純初之始；越是能寧定地待在自己的光源中，那麼，黑暗糾結便越是臣服於這樣的光中。

——白鷹

剛剛開始靈修的那幾年，密集沉醉在奧修的書籍中，但二〇〇八年左右突然間失去興趣，覺得他不過是個狂妄的聰明鬼。當時，眼前只有「充滿愛與激勵之語」的天使訊息。

二〇一〇年，意外買到一套奧修詮釋的《老子道德經》，講得精彩極了，我因此知道自己早已是道家的學生，從此徜徉於老子「道法自然」的揭示中暢快不已。

二〇一一年，在為自己第一本書做最後的通訊書寫工作時，呂祖（呂洞賓）突然出現在我的靈視與靈訊之中，學生因此推薦我去看奧修談呂洞賓的《金色花的奧祕》，沒想到我翻開他的上冊之後不久，便激動地哭了起來，鼻涕眼淚地抽噎了許久。

這本書對我的啟發還勝於《老子道德經》，但我掉淚的原因並非在此。是那一片刻，我突然明白自己從未真正認識過這位導師，甚至自以為是地誤會了許多年。

我們很熟悉他特色鮮明、洞穿力極強的語言，也知道他棒喝式的教導習慣，我當時的智慧也只能領略至此了。過了這幾年，看到他說：

「我活在一個完全不同的真實裡，我在那裡做決定。我也知道你活在一個不同的真實裡——誤解必然會在你身上出現——但試著瞭解我，即使有些時候你無法瞭解……沉默地、耐心地、履行我說的話。」

這句話深深地撞擊到我在靈性工作中始終不為人知的一部分，那著實是我從未對學生說出口的懇切之言。現在，我終於歷練到稍稍可以明白，奧修在講這句話時俯首汪洋的情懷。

他哪裡是狂妄！他只是義無反顧地說出真相。我很羨慕他可以了無「形象」上的罣礙，他根本不鳥別人怎麼想他，這便是他的語言總是在門徒身上激起狂濤駭浪的原因！

我在班上經常舉自己的例子來解釋靈性道理，裡頭當然有許多自己穿越恐懼的心路歷程與「成功案例」。曾經有一位學生囁嚅地告訴我：「老師，妳知道當時（約莫兩年前）有許多同學覺得，妳總是提自己多厲害多厲害……所以才離開班上嗎？」「結果現在才知道，妳是覺得和我們一樣普通，所以才用自己的例子來激勵我們。」

前陣子，我很好奇地請一位也能通靈的朋友告訴我，蓮花生大師對他說了什麼，「祂告訴我，以往的顛簸挑戰已經過去，未來我能夠引領人們進入第五次元……」

「好大的帽子啊！」在心中輾轉一番之後，我還是決定這麼說，這裡頭同時包含了「自我解讀」與「投石問路」。老實說，我當時以小人之心度君子之腹地，有點擔心他會為自己皇袍加身。

「我沒覺得自己有什麼不平凡，不過就是繼續做自己可做的。」他淡然回話，散發四平八穩的氛圍。

我當時百味雜陳，一邊盡是放下心來，另一邊覺得自己慚愧不已。

事實上，他像是一本我始終無法讀透的書。

在此之後，每當我竟又感到獨立蒼涼時，便會想到奧修、想到這位朋友，他們的孤寂感又是什麼呢？而我曾經如何輕慢地揣摩那些我其實不太明白的人。

上看下，一覽無遺；而下看上，無從觸及，盡是投射。

當我們自以為知道一個人的時候，瞭解與探索的旅程便終止了。

40 完整

寂寞．獨立 而自由

以為身邊有人，便不寂寞；以為有了伴侶，便能以終結單身來終結寂寞；以為有了心靈課程、心靈導師的指引與陪伴，就不會寂寞。

但其實越倚賴，才越寂寞。

世間的確有一種寶物，掌握它便可以不寂寞。

這寶物的精粹與紋理，映現在伴侶、朋友、心靈導師……你身邊所有的事事物物之中。每一項事物，攜帶著寶物的一部分片段；每一次在外界感受到孤寂，便回來鍛鍊自己的個體性。當重新感受到完滿時，便是你找到其中一個精粹紋理碎片的時候，這些碎片逐步拼湊起來，成為更完整的寶物，那便是更完整的自己。

當更完整的自己再次觸及周遭的世界時，必將能更正向地取擷於我有益之處，那時候，萬事萬物都能豐富你、滋養你。

你擁有了創造完整的權柄。

——蓮花生大士

二十五歲的時候，和一位年齡身分懸殊的對象有了段光怪陸離的戀情。其實，得要幾分渲染過後才能稱得上是「戀情」，因為我們在情感層面上的交流極少，當時自己真的是過於單純，並不知道崇拜、肉體欲望、戀愛之間，很容易混為一談。總之，那些懸殊使得我很難與他說得上話，我經常是處於沉默的一方，於是心中始終有一種說不上來的寂寥感。

當時曾看到一張印著下方這幅畫的卡片，簡單平凡但一語中的，那凝藏於畫面中的氛圍，活生生描述了自己在關係裡的「未顯象世界」。我試圖在卡片中寫下自己不敢用話語表達的感受，但後來是否鼓起勇氣拿給了他，已經沒有印象。

上回經過誠品，信手買了本可隨身攜帶的薄書，英國才子艾倫・狄波頓寫的《無聊的魅力》；昨天打開第一個篇章，這幅畫赫然出現眼前，原來它是霍普的《自動販賣店》。這第一個篇章，以深入這位畫家的作品來描述「不蒼涼的孤寂」與「憂傷的快樂」。

還沒讀上幾個段落，眼淚便幾乎奪眶。不是因為孤寂與憂傷，是一種完全被瞭解的感動。

二十五歲之後，又像是行經千山萬水，明白了「孤寂」的各種層次。

有一種孤寂，是在置身於熟悉的親友之中被反差出來的，那些難以共振的歡笑交誼讓人坐立難安，彷彿每一聲熱鬧，都在禮貌地推擠著自己的安身之處，生命能量從中汩汩流失；因此那不只是表面的格格不入而已，是在激奮的搖滾樂中試著找到空靈琴音可以合奏的破口，結果手痠腳麻，感官遲滯，最終只好在徹底失聰前倉皇離開現場。

有能力不讓這種耗損式的孤寂來填補空虛感的，會開始寧願孤身一人。

孤身一人，的確避開了置身於非我族類之中的不幸，但仍然沒有避開人類原初之始的孤寂感；於是，某一些彷彿會為孤寂而預留座位的「公共空間」，便成了抵沖孤寂的好處所。在霍普的筆下，是自動販賣店、洗衣店、加油站，對我而言，則是咖啡館。在那裡，沒有人展現出「好奇或同胞情誼」的狀態，你可以選擇要感受「是被忽略的」或「被（默默）注意的」，但不論如何，沒有人逼你去在意你沒有興趣的事物，即使當時那事物是你自己。

長年習慣孤寂的人，會知道，**孤寂是內在聖殿的基石**，用孤寂來打造這座聖殿，不是為了隔絕世界；反之，那樣的場域因安靜純淨，而使得我們得以打開感官，對世界更通透、更了然，這樣的孤寂，反而可以是一切不幸的庇護所，當轉身出來時，旋即忘卻不幸，甚至連同忘卻原來那有如襯樂般的孤寂感。

前陣子，我在家裡附近找到一家有趣的「公共空間」，主要在陳設一些文創風格的商品，咖啡飲料是附設的，店裡主要招待的對象其實是商品通路的採購商，因此深居陋巷，大半時間是寂寥安靜的。店老闆是文創商品的製造商，閱歷豐富但誠懇有禮，因此在展現「好奇或同胞情誼」的狀態時，完全沒有令人無法合奏的感受，相反地，我有時會主動闔起正在閱讀的書籍，興致盎然地與他攀談起來。

這種在寂寥的背景中產生的親近感，大概是久居孤寂之境中可遇而不可求的了，令人欣喜。

孤寂其實是自由的本體。因此，要感謝自己有孤寂的能力，它賦予了我隨時享受這種取擷親近感與欣喜感的自由。

41 成熟

解開親密關係的結

人間的親密關係，就是密集地照見「匱乏愛」的過程。

直到自己能以一種父親或母親的情懷來看對方、能把對方當做孩童般關愛與照顧時，那麼，這段關係便來到轉捩點了。

——維納斯（金星意識）

大抵在伴侶關係或親子關係中彼此有爭執時，其實是兩方尚未成熟的「孩童能量」在爭執；孩童間的爭執會使得彼此都有被傷害的感覺，但成熟的「父母能量」不會計較稚弱孩子的哭鬧。因此要解開親密關係之中的結，必須要其中一方的能量狀態先長大成熟。

我有位長期的個案，每隔兩、三週，我便有機會「更新」一次她的近況。來與我對談時，她大部分會聚焦在感情話題上。此女子面貌身材都不賴，工作事業方面也是光鮮亮麗，看起來沒啥好擔心的，我們以為她應該是桃花朵朵開的人，但無奈正緣不多，清清白白的男子敢於上前追求的極為稀有，來曖昧的幾乎都是已有正宮在側的……也許男人覺得這樣比較好壯膽，讓自己立於不敗之地吧！他們之中登徒子也有，坦承相見恨晚的也有，總之，能好好付出感情的一直沒出現。

直到兩年前，她所參加的社團中出現了一位陌生面孔，脣紅齒白書生樣，大方地對她表示好感，她很快便陷進去了。本以為這一次終於遇上了彼此心儀又沒有世俗牽絆的對象，沒想到不久後，對方還是坦承了自己尚未與「前女友」完全斷絕關係，男子要她給時間。就這樣，三角關係還是莫名其妙地找上了她，本來完全不碰的俗爛劇碼，硬是給她安插了個角色。

痛苦之事所以生成，是因為內在的某個失衡所致使，當失衡之處回到和諧平衡，那

麼痛苦便再也沒有理由出現了。

為了徹底終結三角關係中的痛苦（事實上是「欲得而不能得」的痛苦），所以個案一路在與我探索自身內在的暗處，那些不為人知的深幽溪壑、不曾碰觸的潘朵拉之盒，一次次被觸及、被解密；彷彿在某個地底隧道中摸索探路，直到熟稔了路徑之後，終於把天光帶入其中，從此便再也沒有不敢走的夜路了。

在晴天霹靂的發端，她覺察到的是，自己在感情中極度被動的慣性。這不難發現，因為那位男主角的前女友很是積極，兩個女人的個性差異分明立現；事實上，當時看起來正是因為如此，個案才錯失了正宮寶座的機緣。於是她開始練習做更多情感上的「自我揭露」，不論是對自己還是對那位男子。

當對方完全瞭解她的心意後，倒也認認真真地履行承諾，向前女友坦承自己的新對象，對於前女友的痴心與崩潰也費盡心力去安撫。糾結了大半年，他們分乾淨了，本來以為王子與公主終於能夠攜手走向幸福人生，但悲情戲碼尚未落幕。

她們後來的相處中也沒太順利，女子還沒從之前「被腳踏兩條船」的怨懟中走出來，而男子也在處理前女友的過程中元氣大傷，兩個身負「新仇舊恨」的人，呈現的都是「受傷的孩童能量」，沒有人足夠強大，自然無法包容對方的不成熟。

女人知道自己得面對之前在三角關係中被一再勾動的「被遺棄情結」，而男人的「超完美主義」也開始發作，總是在被她抱怨時，覺得兩人原本心有靈犀的狀態開始衰敗了，因此想要逃離這種不完美，這樣一來，又更打擊女人的那個「被遺棄情結」。

個案當時總是哀嚎：「難道我莫名其妙地屈居小三不該抱怨嗎？他為什麼連這個都不懂？」**「受傷的人總是無法體會別人的傷。」**我說，**親密關係常常成為兩個受傷的人搶奪能量的演出。**但他們當時太渴望對方，使得復原的時間根本不夠，因此兩個人還是分分合合。終於後來的一次分手，讓兩人的關係延宕近一年之久。

這段期間，個案有充裕的時間調整自己，不論是情感上更順暢的表達，或者是繼續去面對被遺棄情結；而頗為令人佩服的，是她能夠認分地重回單身狀態，好好安排一個人的生活。當她某一次告訴我，面對正在發怒的父親，她竟然意外地說了一段親暱貼心的語言，輕易地安撫了父親，我明顯感受到，她內在受傷的孩童復原了。

之後她與那男子又遇上了，這一次她也不想管自己「為了什麼」要與他再續前緣了。我告訴她，**那個緊抓著「為什麼」而非要答案的，經常是處與恐懼中的理性頭腦。**她聽得明白，因為之前有太多次，那理性頭腦要她遠離他，但從來沒有一次成功；所以，不如就趁自己目前穩穩當當時，盡力「活在當下」吧！我鼓勵她，唯有這樣的放鬆，才有可能順利地拿到上天賦予的禮物，去真正超越失衡之處，不用再繞遠路。

個案觀察到這次的再續前緣中，她的執著心變小了，比較有餘裕去真正關切對方的需求。但仔細說起來，她其實也不是沒有跌落谷底過。在起初那段時間，當她知道他又與前女友復合時，氣得在街上對著手機大呼小叫；我聽到這樣「自然流暢」的舉動時，反而覺得欣慰，這對個案而言是一個進步。她的「形象」太好，也難怪男人在與她相處時，總是害怕自己不夠完美。對她而言，這樣的宣洩與流動，加速了療傷時間。果然，這一次的「晴天霹靂」只花了她短短兩、三日便完全恢復。

後來，個案索性更進一步「毀滅」自己的形象，想說什麼便說什麼，那些唯美高遠的措辭都省略了。老老實實一個戀愛中的普通人，當對方在低潮時又悲情地訴說：「我們的那些同步與心有靈犀都不見了……」時，她不似一年前那般惶惑焦心，已幾乎不為所動：「我覺得兩個人能夠隨意鬥鬥嘴，講一些無聊至極的話，也是一種幸福。」

她告訴我，大約就在此時，她感覺到內在有一個栓子「砰」的一聲鬆動了，某個曾屬於自己的舊時代已行將遠離。我嗅到了某種「昨是今非」的味道，問：「妳們之間的共振還在嗎？」個案沉默半晌，說男子正再度與前女友極為辛苦地分手；在此同時，他的身體與事業也同時面臨重大挑戰……她很平靜：「他現在身心備受煎熬，我會陪著度過這段時間的。」但我知道，陪伴之外，個案仍然將一如往常地過好自己的日子。

一段辛苦的感情能夠如此拓寬一個人，有如奇蹟一般讓我再度地親眼見證，但這份神的禮物，不挺進到最後「長大成人」之時，不會知道。

42

方向

應往何處去？

往錢多的地方？享受多的地方？還是往愛多的地方？

你的心「現在」想去哪兒？

追隨心之所向，你渴望的財富、快樂與愛，將追隨你。

——蓮花生大士

從二〇一一年秋天開始，我結束最後一個公關案，並且一一向客戶們說明自己已不再接案，把工作交接給自己的夥伴，正式成為專職的「靈性工作者」。

幾年以來，我從來沒有機會擔心自己的「靈性事業」與收入，雖然當時已經沒有經濟靠山，也還有房貸要付。機會一直源源不絕，課程邀約多到我常常必須為自己把關；而每週一次的例行課程因為久久才會開新班，學生更是秒殺般地爆滿，其實，還曾經有幾個班級是應一群群學生的要求而開課的，實在不需要招生。

我一直很習慣這種幸運的狀態，有一段時間，我的收入甚至比公關時期還多，但工作時數當然少很多，最主要的是，靈性教學是我鍾愛的事情，很難把它看成是「工作」。因此我經常以自己為例，來鼓勵學生們「追隨心之所向」，投入自己熱情之所在，只要心態正確、能量流暢，置身於興趣之中，是能夠過豐盛富足的好日子的。

二〇一三年歲末，我經歷了一個身心靈的低潮，再一次懷疑自己是否有能力扛得起這麼多學生的各種難題，懷疑自己如何能在眾多投射中如如不動。翌年年初雖然恢復了，但緊接著逐漸開始厭倦「心靈老師」的招牌字號。

當了六年多的「心靈老師」，這不是第一次因為眾人所貼的標籤而「中標」，但過去每一次總是能「輕舟渡重山」。那一次的情況能特別挑戰到我，主要是當時我認為，這種被投射出來的形象令我的感情不順暢，人們會被我的公眾形象障蔽了本來該有的平實認知；在感情中，我和所有人一樣會怨、會怒，但這些負面樣貌總是被倍數地擴大，我不知道到底是否有人能把我當普通人來交流真實情感。

於是我進入了一段空洞期，想要淡出靈性圈，但並不知道接下來的路在哪裡；雖不至於徬徨失措，雖然仍有對未知的信任，但在前途未卜的情況下，要我對那向來可以依附的名相與身分鬆手，仍然有說不出來的罣礙。值此之時，我正好為自己安排了一個寫作假期，與所有學生告別了一個月，離開台北，到國境之南曬曬陽光、換換空氣。

充實的寫作之旅結束後不久，我的幾個班級正要進入下一個新級次，每一個級次的進階，幾乎都會有學生離開，但這一回，離開的學生成群結隊，其中一班甚至走了一半的人數。這一回，危機意識終於升起了，我自己著著實實地碰上了學生們平常會問我的問題：「很想投入興趣之中，但要放掉之前所擁有的很難哪！」「金錢恐懼感一直嚇唬我，怎麼辦？」

一開始，我也問了自己的指導靈：「學生離開了那麼多，是我哪裡該調整嗎？」「讓妳有多一點心力去學學新的東西啊，不是想多玩玩音樂？」聽到這麼輕鬆的答案，心中寬解了不少。彼時，我已找到了一門自己極為喜愛的瑜伽課，此外，也開始重新打開琴蓋，和兩位好友合奏與練唱。

但接下來，我發現自己的外接工作坊也招生不順利，和之前門庭若市的情況大相逕庭，那可是刻意暫停了大半年才又重新展開的活動啊。看起來，二〇一二末世預言所引發的靈修熱潮已退，周遭的靈性中心和老師同時都感受到這個現象。我知道自己不可能回到公關領域重操舊業，是只想進不想退的；同時，**也知道自己不能以「建立新事業」為前提，去投入任何一個徒有身份而沒有興趣的新領域中，那樣的動機，有恐懼的因子在裡頭，不會把我帶到如之前那般順遂的豐盛之境的。**

「但在青黃不接的時期，我該怎麼辦？」我靜下心來問自己。

其實末世預言的熱潮退去，大家回到常軌之中是個好事，這樣來上課的人更可能是有心持修之人。我想，也許我應該多開一個常態班級，提供那些本來就對探索生命、回歸自性有興趣的人來上課；而其他時間，我一樣繼續以純然之心去玩瑜伽、玩音樂。

這個念頭出來不久，果然宇宙又再一次立即回應了我：新的級次展開前，不少早期離開課堂的舊生不約而同地回來復學，個案們也紛紛要求插班上課……那一場南部工作坊的報名情況仍然起色不大，我呼喚著：「需要上課的靈魂們快來報名吧！」結果，宇宙的回應並不在工作坊：南部傳來一封訊息，一批原來在光的課程中共修的同學們想要找老師，我的線上學生因此而加入了一群生力軍。看來，宇宙正在肯定我「加開常態班級」的想法，那不僅是順應大勢之道，也是我對宇宙能夠貢獻較多之處。

最重要的是，那是我一直以來的「心之所向」。

而我所厭倦的「眾人對我的形象認知」等等題目，管他呢！我是誰，就只能「坦然地是誰」，並且「接納自己是誰」，而有緣之人，我們自然能夠在人我的歸零之處交流！

43 弱點

接納自己最平實的樣子

你對自身弱點的不快，不是出自弱點本身，是在你對它的批判。

——觀音噶瑪巴

我覺得自己的童年是突然之間結束的。

年幼的時候，生命裡頭就是吃和玩、玩和吃。記憶中的盛夏時節，媽媽會放一大池子水，讓我和哥哥泡在裡頭打水仗，起身後便有清涼豆花伺候著。此時的午後艷陽正好以四十五度斜角探進屋裡，我把玩著它投射在碗裡頭的金色波光，覺得自己好幸運，生長在這麼一個令人艷羨的家庭中；當時，我確實常常在心頭漾起一股剔透純粹的幸福感，毫無雜質。

後來，在千盼萬盼之中，我開始上學了。父母仍然慈愛，但我開始發現，大人們會關心成績，會更嚴肅地教導規矩，雖然我當時是不折不扣的乖寶寶優等生，根本不需要長輩督促，但我開始更明白，這個世界的價值體系是如何運作的……原來，人們先發明了「好的與壞的」，再用它們來決定自己的喜惡與情緒。

總之，父母開始對我有判斷了，而我是如此介意那些判斷，於是我的的童年便結束了。

那段時間裡，我常常困惑地想：「為什麼小時候的幸福不能延續？」

這是一個需要大師來回覆的問題。

上週，透過一位優秀的靈媒管道，我和約書亞有一段談話，他說：「妳的靈性和人性分裂了！」我被這話戳得頭暈眼花，而且有點惱怒，我一邊抗議一邊詳細確認祂的意思。後來，自己也不得不承認，即使我一直都誠實地走自己的路，沒在追求什麼成道者的靈性樣貌，但靈性老師的角色扮演，還是讓我扛了個時隱時現的包袱。

約書亞說：「妳被大家套上了光環，即使妳不太在意，它還是在那裡。」

如果我是個「麻瓜」，那麼，遇到討厭的事情，我應該會毫不猶豫地大聲咒罵；而現在，我也許會有一些「多餘的靈性運作」，我的靈性指南針會立刻告訴我，我的人性面正有什麼樣的起心動念；本來這是一個自我覺照的正常過程，但接下來，我如果開始「判斷」自己該如何反應，「判斷」自己夠不夠靈性，那麼我便開始分裂了。

幸福感就是從這裡開始流失的。

千萬別因為開始靈修了，反而更多了一道「是否靈性」的價值判斷。靈修終究是個減法的過程，反璞歸真，自然點兒好。

我想起那個長期的個案（請見《解開親密關係的結》），她之所以不再糾結在情感中的舊模式，正是因為她不再被「怕自己不夠完美」所綁架。當男子再度抱怨：「我們之間的同步與心有靈犀不見了……」她很坦然，不再像過往一般惶惑慚愧，她會說：「兩個人常常講一些無聊至極的話，也是一種幸福。」那是一股新能量，完全地穩定自信，**接納自己最平實的樣子**，因此，也能夠明白對方在抱怨之時，其實並非批判她們之間的情感，更不是批判她不夠好，而是對方也同樣地，正在反應他自己的「害怕不夠完美」。

所以，讓積壓的情緒不加修飾地表達出來吧！像幼年時的自己一樣，對自己簡單，也對這世界簡單，**唯一不同的，是我們更有能力卸落這個世界對我們的不簡單。**

大家一起回復很久、很久以前的幸福感吧！

當時，我們是在一起的。

44

兩極

作用力生出反作用力

越是強加施力，所挑起的反彈勢能愈大。

所謂反彈勢能，可能是外在挑戰，也可能是內心的急迫感、焦躁感或痛苦感。

先梳理自己的心念，覺察那「強加施力」的盤算，有何欲求？有何執著？

逐漸放下後，便可順流而走，在順勢之中隨緣應化，得其意想不到之效。

——圓覺

當我是「光的課程」的初級生時，陳水扁總統的貪污案正在社會輿論中譁然四起，後來發生了大遊行，叫做「**百萬人民反貪倒扁運動**」，我清楚地記得那個「傳頌一時」的手勢是大拇指向下的動作，暗示要貪腐的總統下台。我的老師說：「正面陳述比較好，拿掉『反』的概念，譬如說改成『支持清廉』運動……」

對於這個論點，我當時聽得心醉神馳，他說：「**當你在兩極的一端舉起旗幟時，另一端自然被激起抗衡之力，因此兩極對立的局勢便開始運作，也許會一發不可收拾。**」

這篇文章下筆之時，主張「反黑箱作業」的「太陽花學運」才暫告段落，在此之前，大街小巷與所有媒體莫不在討論這個話題，臉書上自然也被熱切的表述一再洗板。每一次出現這種大型社會議題，引起長久不歇的輿論時，我都會想起那個「太極生兩儀」的法則；但現實世界畢竟有必須倚賴的紀律，也有當人們濫用紀律（假紀律之名）時必須打破紀律而行的激越勢能，譬如「太陽花學運」中的民氣，學生與民眾們同仇敵愾地反對官僚運作中的霸道與顢頇。所以，即使「太極生兩儀」的法則深植我心，但此時去向「舉起反對

旗幟」的民眾們述說這個大道理，簡直是白目愚昧的行為，它本身就應該會被視為一個「反反對」的旗幟，而激起更大的反對吧！

但這個熱門議題其實是不可多得的活教材。若我們說「生活處處可靈性」，那麼我該如何在班上談這個話題？特別是，我有許多學生也參加了那一次立法院前接力靜坐的學運活動與大遊行活動。若在過去，我會噤聲不談，直到大家的興頭過去為止；但今年很有趣，也許合該是自己也來到了個新的階段中，真正觸及到萬物皆美的情懷，因此，自然而然地，便開始鄭重感激那些熱血與堅持，也真心欣賞另一些甘冒撻伐的不同表述。

如果不是那些熱血的、打破紀律的行為，官僚體系沒有制衡的力量，這個社會必定走向衰敗腐化；而甘冒撻伐，不同於輿論的表述，不但需要有其論點，也必須要有勇氣。更重要的是，不同立場的論述，若都是為了一個更好的生活環境，不同論點的人們，至少在這個初衷上是有共識的。

當我自己展開這樣「一切都好、一切皆美」的開闊情懷時，該如何以活教材向學生們述說「太極生兩儀」的道理，已經不重要了，話語會在最佳時機自動流洩出來。**如果水源是甘美的，那麼河川溪流不論怎麼流動，它承載的水流都是甘美的。**

身在現階段的集體意識中，我們必須承認，人類尚未自愛到能夠擺脫官僚體系的統制，因此衝撞、顛覆會是必要之惡，必要之美。但更重要的是，身在不捨眾生的土地上，我們當然可以不因愛台灣而對其他族類蒙生恨意。**更大的愛中，必有俯瞰包容兩極對立的能耐。**

我後來對學生們說：「我支持你們靜坐與遊行，相信各位都能運用那激昂之氣，而不是被激憤的情緒所左右與操縱。」「**有什麼想法與心境，就進入它，然後靜觀自己。每一個體驗都會在自我觀照中展現它的神聖意義。**」

45

全像

塞翁失馬　焉知非福

「時間概念」將原來完整、圓滿的全像世界切割成零星碎片，人們只能在斷裂中見其片段，不論是與高采烈或者低潮憂鬱，都是段落，是暫時的。由於未見其全貌，無法得知這片段在全像圖中的意義，因此，執著在這些時空的碎片中，是毫無意義的。在片段中持續觀察它對生命整體的意涵，信任它是圓滿中必然的一部分，總有一天，你能全然進入當下的存在感中，拉升意識到窺其全貌的鳥瞰視野，悟出片段在整體中的貢獻，片刻看到生命的全像之美。

——卓爾泰

（註）

卓爾泰的訊息有幾個重點：

第一、在更高視野（次元）的全像世界中，任何狀態都已完整，其始與終，都是「圓滿」的。

第二、我們所正在經歷的過程中，因為只能看到當時的片段，所以也只能有該片段所觸動的感受，因此那些感受也是片段的，終究會過去。

第三、因此不須耽溺在片段的感受中，「持續觀察」自己在每一個片刻的感受就好。

「塞翁失馬，焉知非福」的真實故事每天都在上演，但多數人總要在事過境遷，回首過往時，方能知曉當時的「禍」其實是福。目前，你的「禍」是甚麼呢？要在自己失落之時不以其為結局、下定論的，才能不受低潮所影響，得享平靜喜悅之福。

一位前輩本來在知名外商銀行擔任部門主管，那幾年信用卡在市場上風行草偃，所有消費者在不斷擴張信用的情況下，卡債問題接踵而至，信用卡市場因而大幅縮減，前輩的整個部門遭到裁撤；中年男子不但一夜之間失業，而且是在本來人人稱羨的工作崗位上被迫離開，看起來便是一場情何以堪的悲劇。

他告訴我們，當時他找上了一家獵人頭公司，專門協助高階人才媒介外商工作，安排了幾次面試機會都沒成，閒來無事也不是辦法，獵人頭公司的老闆便乾脆邀請他去上一些自己公司開的心靈課程，就這樣，這位前輩開始了探索心靈領域的旅程。他不但在國內上課，後來也追隨自己的興致，一路循線到國外，完成一階一階的課程。幾年之後，累積了足夠的能量與資歷，他自己開了課，成了一門特殊心靈課程的老師，作育眾多後輩，成績斐然。

另一個例子是長期跟著我上課的學生。我們剛剛認識的時候，她是一位盡責盡力的好媳婦兒，剛剛送走罹癌的婆婆，緊接著照顧日漸失智的公公，每天擦澡餵飯、把屎把尿的，家裡便由老公負責賺錢。就這樣過了幾年，公公一日在睡夢中走了，我們偷偷為這位辛苦的同學鬆了一口氣。本以為她可以過自由自在的好日子了，沒想到本來就晚回家的老公，這下子更是越來越不見蹤影；不久後，學生淡定地告訴我們，她的老公應該外遇了，沒憤怒，也沒眼淚，聽得我們更心疼。夫妻倆後來進入冷戰狀態……期間，老婆偶爾釋出善意，而老公如常冷漠地把家裡當旅館，並且，對於妻子靠他賺的錢去上課的事情透露出不耐。

這段期間，學生已開始顯露出靈性療癒的天分，我便不斷鼓勵她從仰人眉睫的小媳婦兒角色走出去，開始鍛鍊天賦與自信，讓自己擁有足以自立的經濟能力。我說：「從靈魂的角度來看，這樣的局勢是要把妳『踢出去』的，好實踐妳靈魂此生的願望——活出更大版本的自己。」

月復一月地過去了，學生持續在半服務的狀態中與越來越多個案接觸，不但從中累積實戰經驗，也更加體認到「持修」扎根的必要性。

某一天，她終於下定決心要面對離婚的恐懼，打算和老公深談了。沒想到第二天，便在不期然的情況下撞見了個「天賜良機」：老公暫停了車子在家門口，打算回來拿東西，學生正巧出門，一眼瞧見堂而皇之在副駕駛座上的女人。她想了想，既已決定面對，便大膽出言確認：「妳就是他女朋友？」對方不置可否地說：「他早就應該跟妳好好談談了。」而後老公現身時，一場徹底的攤牌已無可避免。

如今，她已是小有名氣的能量治療師與動物溝通師，知道自己不是被設定為只能靠照顧別人父母來換取生活費的次等公民，也知道只有自重自愛之人，才會煥發魅力，引人喜愛。

（註）

提供塞翁失馬的故事來對照讀者們各自的經驗：

「塞翁失馬，焉知非福；塞翁得馬，焉知非禍。」已經是我們現在常用的成語了，它出自西漢劉安主持編寫的《淮南子．人間訓》。這個故事是這樣的：

以前在北方的邊塞地方有一個人很會養馬，大家都叫他塞翁。有一天，塞翁的馬從馬廄裡逃走了，越過邊境一路跑進了胡人居住的地方，鄰居們知道這個消息，都趕來安慰塞翁不要太難過。不料塞翁一點都不難過，反而笑笑說：「我的馬雖然走失了，但這說不定是件好事呢?!」

過了幾個月，這匹馬自己跑回來了，而且還帶回了一匹胡地的駿馬。鄰居們聽說這個事情之後，又紛紛跑到塞翁家來道賀。塞翁這回反而皺起眉頭對大家說：「白白得來這匹駿馬，恐怕不是什麼好事啊！」

塞翁有個兒子很喜歡騎馬，他有一天就騎著這匹胡地來的駿馬出外遊玩，結果一不小心從馬背上摔下來跌斷了腿。鄰居們知道後，又趕來塞翁家，勸塞翁不要太傷心，沒想到塞翁淡淡的對大家說：「我的兒子雖然摔斷了腿，但是說不定是件好事呢！」鄰居每個人都莫名其妙，他們認為塞翁肯定是傷心過頭，糊塗了。

過了不久，胡人大舉入侵，所有的青年男子都被徵調去當兵。因為胡人非常的剽悍，大部分的年輕男子都戰死沙場，塞翁的兒子因為摔斷了腿不用當兵，反而因此保全了性命。這個時候，鄰居們才體悟到，當初塞翁所說的那些話裡頭所隱含的智慧。（出自維基百科）

46 情緒

無法被靈性取代　只能成為它的主人

健身時肌肉痠痛緊繃，但能夠強健筋骨；情緒的起伏轉折使人不好受，但能夠拉開精神的耐受力。

妳曾在《入門：古埃及女祭司的靈魂旅程》中讀到，古埃及廟宇中的學生們接受祭司訓練時，透過在夢境中「體驗」情緒的大幅起落，來練習「掌握」與「轉換」情緒，因而拉開神經系統的耐受力，以使得中樞神經能夠承載更高頻的能量。

情緒是能量體的內部結構，結構腐敗（不面對）或失控（被情緒操控），都會使得能量體不健康。

體驗情緒，並覺察情緒的來源，終將成為情緒的主人。

——伊莉莎白

那一日潮濕悶熱，我坐著長途車正要往山上的朋友家行去，暈眩感時而襲來，伴隨著沒來由的胸悶。這情況已經持續超過一日了，我盡量穩住自己，深呼吸。下了車和朋友會面，我們一起午餐，不知怎地，餐後不久便發現胸口已鬆了開來。

哪知道，正在我暈眩與胸悶的期間，咫尺之遙的另一座山上，我的農耕老師陳琦俊也正在胸悶，早有心血管疾病的他，這一次撐不住，在救護車上就心肌梗塞往生了。

通知傳來時，我正在收不到訊號的山上，因此得知時已是傍晚。正在好友家，沒敢放聲痛哭，只能先空洞地趴著。稍晚鼓起勇氣聯絡上未亡人無愁，她平靜得令人心疼……反而令我更六神無主，但願我有那個智慧知道該怎麼做……

從來沒有太親近的人過世的經驗，這一回著著實實是個陌生又深刻的學習。

晚上回到家，好不容易穩住自己後，再打電話給無愁：「喂……」「聽到妳的聲音好想哭哦……」無愁這一說，我又前功盡棄了，兩個人接下來就索性放開懷，也哭、也談未來、也偶爾消遣自己地痴笑幾聲。

接下來這兩天還在「測試」淚水底限，一個人打字時也哭，和好友聊到老師時哭，碰到無愁的姊姊和農耕班同學時也哭，友人來電慰問也哭……

前晚突然一個點子，想要把陳老師二〇一一年出版的那套《輕鬆種》DVD再拿出來義賣，我想那會有多重意義，於是試著打了電話給製作公司：「我是陳老師的學生，我姓田……」「妳是臉書的田安琪嗎？我聽說老師的消息了。」接下來我又哭慘了，還一面擔心自己這種「交淺言深」的冒失行為。

對這一次「被安慰」的體驗格外有感受，**知道一個人是否能為他人帶來安慰，還是來自於「不卑不亢的感同身受」，不投射過多自己的悲苦，也不陳義過高地妄談靈性大道理……若真的無法感同身受，安靜地陪伴也是個功力。**

我想到那一回前夫的摯友過世……這朋友平日生龍活虎口才便給，根本是吳宗憲的分身，他把我們的婚禮主持得活像是熱門綜藝節目。他的驟然離開，當然讓前夫心情沉重，但白目的我卻說：「靈魂是永生的……」當場招致一陣反彈。

後來才明白，至親當時怎可能聽得下這種沒血淚的話，他們只需要盡情地回憶與流淚。

靈性即使要被人性體現，也要在人性盡興地燃燒、氾濫後，才做得到。

就像陳老師，他有極為屬靈的那一面，但仍然徹底真實地笑罵臧否，重重揮灑他濃烈絢爛的一生。只因他做許多事是沒有目的，「反應真心」而已，就像曠野中的植物一樣，雨來了便暢飲，風來了便灑種，天災降臨時臣服其中，好讓大自然闢出一片歸零的處女地。

後來，因為前夫被派去國外出差，我代為出席了那次告別式，儀式尚未開始我便淚崩了。只能說，這一場參與合該是要來教導我**「情緒沒辦法被靈性取代」**的。

在驟然喪失良師益友的恍惚中過了兩天，終於合衣睡下。昏沉中突然清醒，熟悉的能量欺來床邊，我問：「想要回去了嗎？」話音還沒落下，便出現正面答案，我接著說：「我們會照顧無愁。有事的話還是可以『簡訊』給我。」

據說身體過世後，連結身體與靈魂的絲線會在三十六小時後斷開。

陳老師，放心去吧，你最後這疾如雷電的一招反而成為一種莫大的動力，讓我們更想要做些事情來延續與擴展你的理念。

珍重。

47 自主

為自己加冕

你必須為自己加冕，那榮耀將永不被摘下；你必須闢自己一片領地，那麼即使遠行，這片疆土也必將跟隨。

——艾勒克

數年前，一位學生因為感情困擾，來找我做指導靈的傳訊諮詢，我得到的幾幅訊息畫面至今都還有印象。其中一個是，這位女孩子把高帽子怯生生地戴在頭上，訊息告訴我：「她必須為自己加冕，她必須知道自己是有能力的，並且是完全能為自己做主的。」

我非常喜歡這位女孩子，體貼細心、應對得體，因此人緣很不錯。但她自己知道，在人生中經常讓自己受到考驗與打擊的，是太容易聽人指令、受人擺布，在友情中、事業中尚是如此，在感情中亦復如是。譬如，幾位交心的同事在公司變革後約定好同進退，結果只有她自己傻愣愣地遞辭呈，而好姊妹不動如山，避免新主管留下不良印象；譬如，辛苦帶出來的下屬在公司紅了，反過來擺她一道；而感情上也上演類似情節，男人喜歡這樣類型的女孩子，但有些掌控欲較強的，會在「得手」後自然而然地不再尊重她，或者強勢與自私起來。

好在她後來嫁了一位好好先生，不過，婚後幾年，出現了一位對她讚美有加的男人，芳心便這樣突然地被攫取住了。她告訴我：「因為他擁有所有我自認欠缺的條件──學歷、頭腦、自信、任性。」出軌不久，她們各自的伴侶便都發現了；幾次藕斷絲連後，兩人的互動嘎然而止。最初的那段時間，學生很痛苦，一方面對丈夫極端愧疚，一方面又還在外遇的情傷中。

那段時間裡，想必這對夫妻為了修復彼此的關係做了不少努力。學生在某次談話中告訴我，有位通靈人士這麼說：「妳現在所說關於那件事情的每句話，未來都會再次出現來考驗妳們的婚姻，不只會危及婚姻，也會危及妳與我的情誼。」學生因此下結論：「為了不想失去我珍惜的人，無論是那位通靈朋友還是我老公，我打算從今以後都不再談論這件事情。」

老實說，這真的是一則無法療癒人心的「通靈訊息」，但更傷腦筋的是，學生又再度摘下了帽冕，接收了外人為自己下的指令。

我當時的反應很直接：「能通靈的不一定有智慧。」並且說：「傷口要在陽光下才會痊癒，悶起來會爛掉，這是很簡單的道理。不過，妳和老公之間這段時間先靜一靜是需要的，也許妳們得先用自己的方法試試看……」

「我不希望這段錯誤的感情再去影響我的未來，無論是婚姻還是友情。」

「當然，但唯一不會影響未來的方法是『療癒』而不是『絕口不提』。」

這段對話過了之後，心裡偶爾掛心著學生的狀況，但基於多年來的輔導經驗，也實在知道，此時我不宜給太多意見，反而得讓自己再一次地回返中心，看到自己的焦心從何而來，等待天賜良機、等待學生的心與耳朵都能進一步敞開的時刻。

差不多這個時期，我也正好活生生見證了自己一段因緣的蛻變轉化。以往，只要我所在意的他一說出這樣的話：「我們之間的心靈相通不再了，妳的話語裡只剩下抱怨而沒有愛……」我整個人便會像是被判決般地極度沮喪與害怕。過去我尚未能察覺這些沮喪、害怕真正的來源，只是在對方話語落下旋即逃開之後苦澀地自責，承受自己搞砸的失落感；然後，在他又突然出現時開心不已，更加小心自己的言行，保持在高度的包容與濃濃的愛意中，深怕那個說愛我的他又被嚇跑。

一、兩年間，我被這樣的模式擺弄了不知多少回，直到某一天，在天王星與我的金星正好會合的天時眷顧之下，我那愛的課題終於來到了臨門一腳的時機，只待在天王星雷厲風行、電光火石的勢能催化下，便能一舉翻身向上，轉化到另一個意識層次。

那一天，對方再度說了類似的話語，一瞬間我的心頭仍然襲上了熟悉的害怕與失落感，痴愣了幾秒。冥冥中的轉化之力此時已然出現，支持著我回話：「我是普通人，你要找仙女，可能要到別的地方。」「還有，你說愛我但身邊有別人，又常常無故消失，我有怨氣是正常的。」我坦蕩地表明了自己的狀態，更精確地說，我完完全全地認同了自己，不管自己有多麼「小氣」與「不靈性」。

這樣的話說出口之後，我整個人異常地輕鬆。在熙來攘往的捷運站，我完全沒有感覺到人聲鼎沸的壓迫感，甚至輕快地想要跳躍起來；我的小小世界突破了櫛次比鄰的人潮，蘊蘊然地擴展開來，確定了一處讓人安身的棲所，讓我在吵雜中，明明白白諦聽到一個業力之鉤鬆脫的聲音，那聲音清脆響亮有如天籟。

事實上，我與那位學生只在五十步與百步之間而已，在那段感情中，我一樣在昏沉恐懼中任由某種「指令」擺布，看不清每一次那麼沮喪、那麼害怕失去他真正的原因。其實，我只是害怕自己不再是他眼中那麼靈性、慈悲與充滿愛的那個人罷了。除非我先接納自己的「普通」，除非，他也能接納我們之間如此「普通」的互動，而不再把我當成高遠的靈性老師，一方面嚮往幻夢般的靈性交流，另一放面，卻因而更害怕我們之間會不夠靈性。

承認了自己的「普通」，鬆脫了那業力之鉤後，很有趣地，我在靈性老師的角色名相上，也更自由了。曾經那位開課總是秒殺、爆滿的知名靈性老師，現在可以在門可羅雀的課堂上優游自在、自娛娛人了。

48 無為

享受在作為中　便是回報

問：數年來，每一回站上講台前，我都是興奮的，蓄勢待發。但現在我竟然倦勤了，我甚至感覺到，大部分學生其實並不明白我話語中真正的意涵是什麼，看不到我在每一次動與不動之間細微的用心。我不知道如何度過這種不被瞭解的孤寂感？

答：若在「做」的時候是享受的，沒有目的性，那麼何來失望之有？何須被瞭解？如何起孤寂感？

享受在做為之中，那麼在做為之時便是回報。

因此回到初始之心，當初若是為了迎向新體驗，是因自己滿溢的真誠而投身進來，那麼調頻到當時的好奇與熱切之中。單純地去講課，下了課去喝咖啡、看電影、靜心，就好。整個生命就是一連串享樂的過程。

——老子

我有一位學生，從我在從事公關工作的時候就認識了，我們是上下游的合作關係；後來他幾乎成了我的特助，工作上，他是極為盡責、值得仰賴的夥伴。二〇〇八年初我開始教靈性課程，他也跟著進到班級裡，所以可以說，他是眾多學生中，關係與我最密切的了，因此我對他本來就比較直白一些。

從前還不是師生關係時，他便與我提了自己多年前感情上的故事，和不少其他案例的遭遇類似，總是有些積極的靈魂會挑戰接二連三的戀愛困境。這位學生當時的對象劈腿又借錢，好不容易分手後，學生為了幫助他脫困，還好心地向他買了高額的保險。

不論如何，付出了這許多，並沒有留住感情。痛苦之中，學生一方面開始緊鎖心門，一方面逐漸在失去動力後萌生輕生的念頭；十多年前，他差一點在出差時暫住的飯店中結束自己。

由於他尚有繁忙的工作，學習靈性課程的這幾年來，學生時而積極、時而消失。由於他天性真誠，只要是自己覺知到的恐懼，便不會閃躲包裝，因此在積極修習的期間，便會有超速的成長，那是我最欣喜的時候。

這陣子以來，學生大部分時間都不在課堂上。多年來，我也不積極催促缺席的學生了，以免他們心生壓力，經常，我會透過其他學生傳達我的關心，點到即止。

這一日，學生突然出現在班級中，描述自己和母親的一段重要對話，也描述前些日子自己陷落在消沉中，又產生了輕生的念頭。他神情輕快地說：「我站在高樓的陽台，想想自己的工作、收入、感情……一切都不錯呀，哪裡來的這種念頭？所以就勸住自己，然後去看醫生了。」也許是他描述時的神色和內容落差太大，話聲落下後，全班肅穆，氣氛詭異，大家動作一致地轉過頭來等著我發話。

靜默中，我感覺到心中有一股力道不小的「氣」，我知道那是因「學生對自己的漠不關心」所起的。因為，只要她稍微客觀地瞭解自己，特別近年來這一段更加不尋常的感情狀態，當然能輕易知道為何會想要輕生。

於是我說：「應該把你送到更嚴厲的老師那兒的，要棒喝才行！我太軟弱了，做不來。」學生因為過往的痛苦經歷而封鎖了「感受真實」的能力，只有在較積極的內修期間才得以暫時開放。長年來，他的身心之間形成了厚厚的一層繭，自己對自己的感受進不去，外人對他的建議也進不去。

其實，這樣的案例，我也在諮詢過程中見過不少。有時候，個案在深深地沉溺於自己的腳本故事中時，叨叨絮絮無法遏止，我以一般的聲量與話語根本切不進去，常常要有違常理地大喝一聲，才能暫時中斷那種陷溺的狀態。

這位學生雖不會叨叨絮絮，但情況是更進一級。他的天性是真誠坦白的，可現在，他能夠真誠坦白的是厚繭外的世界。其實他也並沒有要掩飾與逃避那層繭，是繭太厚也太隱匿，彷彿厚繭內的真實世界並不存在，以至於完全感覺不到了。

我所帶領的「光的課程」，是一門在持修不輟的情況下也得花近五年的時間才能完成的課程。在與學生年復一年每週一聚的過程中，有許多我得克服的課題，其中最難的便是「放下期待」這回事兒，否則長期的相處，很容易因「恨鐵不成鋼」而力道失準。尤其，據說人們從觀照到自己的某個癥結之後，得花七年的時間才得穿越；依此而論，在我與學生交會的時日中，要親眼見證他們「量子跳躍」的大轉進，是不容易的事，因此我得放下「自己到底能對學生起多大作用？」的自我質疑，而只是在每一次相處時「盡力表達與貢獻自己」而已。

於是，這幾年來，我已不再像初期的那段時日，會在下課後反覆思索「該怎麼開導學生」，早期，某些學生陷溺的狀態經常會在課後時縈繞在我的心頭腦海，困擾著我。然而這幾年來，結束課程後我便會自動切換心境，直到下一次上課時再自動回到「教學模式」中。

因此，我已逐漸掌握在教學上「無為而為」的一種「空境」了，意思是，在對學生沒有牽掛與強求（空境）的情況下，於彼此交會時，自然地體現由「衷」而來的語言與對待（無為而為）。在這種情況，我所給出的不是來自於小我的擔心或恨鐵不成鋼，反之，因為「空」出了管道，才有能力承戴並表達高於「人我」的一切。

那天，我讓祂經由我的語言表達出來：「我太軟弱，無法更嚴厲的打醒你。」「對於妳現在的感情狀況而言，會有輕生的想法是很自然的，怎會不知道這感覺是從哪裡來的？」

聽說後面這句話讓學生聽得心裡很不舒服，但我的心態是：「寧願他不舒服」總好過「他對自己沒有感覺」。也許自己的衷心之語對許多人而言是「傷人」的，但若因此而敲擊到那層厚繭，未嘗不好。但最重要的是，我自己的內心有沒有曾經因為學生敲不破的厚繭、或者因為學生對我的誤解而起風浪？

其實從事這種長期輔導性質的工作，「真實但凌厲」與「激勵與撫慰」永遠是兩種需要彼此諧調與平衡的力量。過於傾向後者，會無法讓學生看到盲點；但偏好前者，則會使學生失去自信。

因此，這許多年在交互使用兩者的過程中，也習慣於學生對我暫時的反彈與誤解了。這一次，反而是一位親近的好友，認為我那段語言可能會傷人，會讓我比較訝異，因為這位好友一向極為信任我，不曾對我有過什麼異議。

那一次我們對談後，我靜觀自己，發現心中有所感觸的，倒不是開始懷疑起自己的那些語言是否失準，因為對於這個部分，我感受到自己毫無想要辯解的動力，但是，倒是真的希望好友能夠更明白我。

不過話說回來，這條「靈性老師」之路大約便是如此吧！自己的內在體驗經常是千迴百轉的，自己扮演的角色經常是陰陽交替的，何況外境本就是幻境，別人看不懂也是自然現象。思索及此，便也罷了罷了，繼續去投入當下的事兒吧！

49 光源

情愛的五個層次

我們有無限的愛，供你取用，在清風中，在樹梢，在春日的晨曦，在人聲嘈雜裡……在此處、此時。

也在低潮幽谷，在挑戰、創痛，在你執取不放的煩惱中。

我們的愛流向一切萬有，不捨晝夜黑白與優劣好壞，**就像陽光只管輻射發光，只有它被選擇，它本身並不選擇所照耀的對象。**

而人們的無價值感與憤世嫉俗，阻擋了流向自己的光與愛。

現在就閉上眼，深呼吸，感受我們的愛之光，憶起你本來的無限，忘卻你對自己的評斷。

——金星意識

好友從國外回來約吃飯，我們把時間東挪西挪，剛好空出了情人節碰面。民生東路上外商林立的大樓之間，有一幢大面玻璃的無國界餐廳，朋友一面拉開椅子入座，一面讚嘆餐廳的寬敞空間；就著透窗而入的陽光，我則忍不住讚嘆朋友煥發的容光與越顯青春的狀態。我們都是在十多年的伴侶關係中走出來的女人，照理說應該稱之為「中年失婚婦女」了，但在她身上非但沒有絲毫那樣的氛圍，這些年來，反而多了幾分清爽自在與靈秀之氣。

既然巧合的地在情人節見到彼此，我們的敘舊便自然繞著這個主題打轉。

朋友的情場經驗百鍊千錘，從年輕時期便是我的嚮導與顧問，但在這一日的聊天裡我才知道，她在二十四歲以前沒有一場真槍實彈的戀愛。青春正盛、少女情懷，怎堪孤芳自賞？但或許當初太多無用的自尊與正直，壓抑了天性中勾引異性或回應追求的本能，因此也只能任由浪漫幻想，在欣賞的主人翁身上，演出一齣齣激情但終歸空洞的內心戲；或者偶爾在與心上人擦身而過的片刻，享受著幻夢中的曖昧，僅止於如此，都已經能夠稱得上是荒漠中的甘泉了。

「**單戀是情愛的第一個層次**，它是必要的，否則沒辦法襯托出彼此真正相認時美夢成真的極度興奮感。但單戀也是危險的，過度陷溺在自我投射的曖昧中，總有一天會嚐受到『別人負我』的苦澀，而且最終，也只能慨歎連『被辜負』都是自己投射的夢中夢。」

她說。

進入社會工作之後，戀愛果然比較能夠落實，這個時候的催情物是挺拔身材與俊秀外貌，當然，如果多一點才情或者男子氣概，就能再多一點費洛蒙推波助瀾。「這個階段的戀愛，乾柴烈火但電光火石，既然味道濃烈嗆辣，很快會麻痺舌頭的，所以通常賞味期不長。總而言之，這**戀愛的第二個層次，不如說是由生理條件來決定的**。」朋友大概想起了輕狂的歲月，邊說邊搖頭輕笑。

再怎麼遊走在情場中，總還是得步入眾家親友們的逼婚期，這個時候，要能保持孑然的自主性是很艱難的。除非能在經濟上斷絕父母的金援而自力更生，除非能在情感上自給自足而不需要讓父母摸頭秀秀，最主要的是，除非能在思想與行為上真正確立，**自己的人生本來就無法由別人代勞**……否則，**這個時期的戀愛總會染上幾許「成家立業」的色彩**。

因此，**第三個層次物色的對象會是「成熟穩重」或「多金」的**，好保障自己未來的安居樂業。朋友戲謔的說：「很奇怪，明明是貌不驚人的傢伙甚至腦滿肥腸的豬頭，只要拿出來的名片是上市公司總字輩、開雙B的闊佬，或者是醫生或建築工程師……彷彿就像黃袍加身一樣，妳會忍不住把他投射成更有魅力的樣子，於是跟他講話的語調會莫名其妙的婉轉起來，姿態會突然媚惑起來……」朋友就是在這個時期結婚的，不過當然不是跟上了油頭金牙的大老闆，我們當時都很羨慕她釣到了個會賺錢的青年才俊。

但王子公主畢竟最後還是離了婚。回復單身之後，朋友努力把自己的心境與外貌調整得妥妥當當，因此身邊的男人也沒有斷過，但不見她曾經承認與哪一位認真過。朋友老實的說：「他們許多人都令我心動過，但都進不了下一個階段。有的是沒多久就嗅出了個性裡的優越獨斷；有的人神神祕密，便被我猜到，是隱匿了自己的女人來與我互動的……」

「大部分的對象都是已婚男人……別誤會我是謹守分寸的衛道之士，我還是不那麼依循社會價值觀而活的……是真的不想在未來的人生為這種情愛之事耗費太多力氣，所以一想到下一步是驚天動地與悲歡離合，我就自動打消所有念頭了。」

於是朋友練習讓自己保持在對男人們隱約的心動與友好互動中，她說，只要能一個人活得滿足，兩個人就能帶來幸福，即使這些互動是片段的。我想，她正享受在這種不需占為己有的輕鬆關係之中。**「第四個層次是『取擷於我有益之處』，這個時候，情感不再被單一對象綑綁，許多男人都能為自己帶來美好的感覺。」**

事實上，**「當能夠以『取擷於我有益之處』的輕鬆態度與人互動後，自然而然便願意給出更多無須回報的關愛。」她補充道：「因為那樣寬廣的心念，所以取得多、擁有得多，自然就能不虞匱乏的給出，就像是生生不息的循環一樣。」**

我問她，難道不會想要有一個可以相屬的伴侶？她說：「的確沒像以前那麼渴望了，但也不會排拒啊……只是得承認，現實中似乎不太容易出現各方面符合的對象……」但話鋒一轉：「前些日子經朋友托付，與一位先生見面，本來是在商談事情，看看能幫些什麼忙的；後來聊到彼此自我探索的經驗，氣氛越來越凝聚、越來越深邃，對方在談到一個深刻的體悟時隱隱有些動容。我很珍惜那個片刻，因此兩個人靜默了好些時間……」「接著對方問：『妳接下來的人生還有什麼課題要突破的？』我一面誠實的回答這問題，一面暗暗低迴感動。」

我明白朋友的感動。男人在她面前總是絮絮叨叨的談自己，注意力始終擺在自己身上，她也順水推舟的扮演那個聆聽者與提問者的角色；現在終於有一位願意把焦點放在她身上的男人，並且能提出她感興趣的、內在層面的問題。因此，**關於情愛的第五個層次，我可以替朋友衍伸為「精神互通，彼此深深瞭解的伴侶關係」，兩人貢獻彼此的能量給對方，最終能使兩人同時推升向上。至於是否是傳統的相處方式，需不需要婚姻，都會有更自由的選擇了。**

你的情愛層次在哪裡呢？也許你同時混合了多種層次，但重要的是，每一個層次都反映了自己目前的內在狀態，也同時反映了這段關係的前瞻性。

50 妄作

不必經營　回歸自性

宇宙是能量守衡的。

你向這世界施了一道「努力」的力量，那麼世界必會反饋一道「制衡努力」的力量。

——卓爾泰

五年之後，重讀了娥蘇拉．勒瑰恩的「地海傳奇系列」六部曲，其中一段話「**點亮一盞燭光，即投出一道黑影**」，我在過去輕易錯過了，這一回卻反覆沉吟。

這是一位受人景仰的巫師史詩般的故事，由於作者曾經將《道德經》翻譯成英文，自然地，她也把道家思想融入在小說之中：「即使只是將天地間這一微小的部分變換，也是改變了天地……宇宙是平衡的，處在『一體至衡』的狀態。巫師的變換能力或召喚能力，會動搖天地平衡，那種力量是危險的，非常危險。所以，務必依智識而行，務必視需要才做。點亮一盞燭光，即投出一道黑影。」

我因此不禁想著：「那麼我們在『光的課程』中一次一次地打開脈輪、清理脈輪、點亮脈輪之光，難道……我們也會因而投出暗影？」我是如此地傾心於娥蘇拉的著作，衷心皈依於老子與呂祖的道家思想，那個「投出暗影」的觀念令我有些困擾。好在，不久之後答案便浮現了。

原來那「由光明所生出的黑暗」，是在二元世界中「造作」的必然結果。

而有一些光明，並非由造作而來，是不會引來黑暗的。譬如陽光，「發光」只是它的天性，並不為特定目的而普照萬物，它自己並沒有「要努力發光」的概念，那麼這便是一種尚未分裂為二元的「一」的狀態；或者，不如說是一種「空中生妙有」——**逐內在連結於宇宙的本性而為，即「無為而為」，雖然有所表達，但卻是由衷的自然流動**。一旦有所「概念、企圖」，那麼便在二元世界生出了一個「作用力」，勢必進入「分裂、正負」的宿命中。

記得三年前，一連有四位前輩不約而同地問我：「為何不發展一套自己的課程？而要繼續教『光的課程』呢？」有人覺得我被某一套既有的課程系統限制住了；有的認為，發展自己的路數便不用和一大票教同樣課程的老師競爭；有的也許認為，我可以運用自己的知名度而不必委身於某個系統。

老實說，一開始我也被問傻了，因為從踏入靈性領域的第一天起，我便從沒想過要「發展自己」，遑論發展自己的課程。就像幾位朋友說我善於經營臉書（尤其我又有「媒體公關」的背景，實在太符合那樣的想像了……），他們也許覺得那是對我的讚美，但憑良心說，我從來也沒有想過要「經營」它。如果你喜歡到一家咖啡館喝咖啡，你只會找到時間就過去，不會費心去「寫一份如何空出時間去咖啡館的企劃案」；如果你和某人之間聊天的氣氛很棒，那麼最好是繼續誠懇地交流彼此，不必特別去策劃話題，以免失了本心，也連帶失了人心。這就是我在臉書上的心情。

在近七年的教課歷程中，有一個心念是自始至終秉持著的，那便是：「只要我能夠一再回到自性之中，我便能給出最好的。」因此我會提醒自己，「市場需求」的考量永遠不能先於我的「回歸自性」，意思是，當我在思考演講或工作坊的題目時，我得先考慮自己的專長與熱情，而不是市場的需要。

當僅僅考量「市場需求」時，那是在二元的現象界作用，造作而為，必然生出反向之力。反之，若向內探求自己的「專長與熱情」，由衷發揮，那便是與更廣袤無垠的力量攜手合作，反而常有奇蹟般的實效；就像太陽並未想要「普照大地」，但萬物因而滋長勃發，並對那金色之光亙古頌揚。

反求諸己，一再進入自己的本質、立定於自己的本質，那麼無須「努力作為」，必然煥發上天所賦予的絢爛之光。**當自己是光源時，便無從生出暗影。**

51 靈性

靈修所帶來的幻相

那條你以為可供你往上攀登的繩索，其實可能正好把你往深淵中垂吊。
靈修並非一條通往高遠之境的路，它不過是讓人可以毫無恐懼地回復本有的天性而已。

——觀音葛瑪巴

相信許多人都有一樣的狀況：上了些身心靈的課，知道一些靈性的道理後，便開始遺憾自己的伴侶有許多靈性未開的地方，覺得彼此越來越格格不入，於是可能會希望以自己的靈性來「引導」他，可能會逐漸嫌棄或放棄。總之，不論身邊有沒有伴，我們都私心期待有一位靈性發光的對象，會在某個人生的轉角與自己相遇。

尚未靈修之前，我的敏感體質便讓我吃了很多苦頭。當時只覺得，和某些人之間的親近接觸，令我呈現脹氣、頭疼甚至焦躁或情緒低潮的狀態，日暮低垂時尤其嚴重，因此夫妻之間的親近接觸開始令我害怕起來。有好幾年的時間，我因為不知道如何調理自己，而經常身體脹痛得徹夜難眠。

靈修之後，懵懂地認知了一些看不到的世界所運作的狀況，更渴望自己能處在一個能量和諧、乾淨的所在，因此若逢夫妻之間意見相左的時候，我便格外希望，能讓丈夫也成為同道中人，覺得如此一來自己便不會那麼辛苦了。當時，我自以為細心地用了一些方法試圖引導對方，譬如我會去買當時全球大暢銷的《祕密》給他看，他不太有興趣；我便又去買了丹米爾曼（《深夜加油站遇見蘇格拉底》的作者）的另一本書，因為那本書描述的是某位大聯盟教練的心靈修煉之道，我認為醉心於體育的前夫一定會喜歡。

沒想到他看起來還是有一搭沒一搭地不當一回事兒。有一回我們大吵一架，我盛怒之下便把那些書全撕爛了丟在床上，當時心中真的是淒風苦雨，孤單極了，覺得自己非但身處異鄉異地，而且被刻意冷漠地忽視我所有的呼求。現在想來，前夫何嘗不是如此，我有我的身心之苦，他承受的是另一種人生期待下的身心壓力。

單身之後，經過了兩年的休身養息，我開始渴望自己有伴侶。有了這個重新歸零再出發的機會，當然會想要一個也在走內在之路的人，我許了願，也很快如了願。

兩個人都是靈修者，想來應該先天上便有立於不敗的基礎。想不到，待投入感情之後，才知道，從頭到尾都是另一個意想不到的故事版本，情節曲折離奇，挑戰也極大極深。為了早日解脫辛苦，我一直在探索那引起辛苦的課題所在，期間也連帶在不同方面有了多多少少的自我突破。但直到整整兩年過去，才澈悟，那最大的幕後黑手，是我們各自「對靈性自我的需要」。

他比我更渴求一個高度靈性互通的伴侶，我雖然逐漸意識到，那樣會造成相處的巨大壓力，讓兩個人的互動根本無法穩扎穩打；但另一方面，固著的習性又仍然瀰漫著我的頓悟之眼……為了讓對方更愛我，於是我覺得自己得「更靈性」，總是更靈性地原諒、更靈性地忍耐、更靈性地彰顯美好而隱匿黑暗。但這是一個質能不滅的世界，沒有任何能量會因隱匿而無端消失。

直到臨界線崩斷的那一刻，我如實地表達了自己，徹底丟除最後一丁點兒靈性的自我要求，渾身上下再也沒有「靈性」兩個字，才解脫開來。

如今，我不會在我的渴望清單放上「靈修者」或「非靈修者」的字眼，**認為「有同道中人的伴侶能夠帶來幸福」是一個超級大幻象，因為靈修或不靈修都是「外象」，從來不能保證什麼。**

其實，靈修也能創造更大的分裂。尚未靈修前，你不會用「有沒有靈性」來判斷一個人，反而因為靈修而有了分別心，那真的是得不償失，誤入歧途，真的得戒之、慎之。

52

責任

生命之歌　必由心聲所吟唱

如果你總是依據知識與道理來行事，那麼你的生命如同已死。

——觀音葛瑪巴

在與朋友、學生、個案互動交流的過程中，大家所提出的困擾，排名第一的大概都與「『責任』與『心之所向』之間的矛盾」有關。

先從一個典型的故事開始。一位總是把自己打理得典雅端莊的女士來與我會面，第一眼見她推門進來信步走近的時候，我瞥見她臉上帶著一抹溫潤的光亮；可惜在後來的互動中才瞭解到，事實上，其內在有著極深的分裂與衝突，並且日復一日，她持續讓那內在分裂，糾纏著自己墮入越來越深的幽暗中。

那段日子裡，每隔一段時間，她便無意識地、用同樣的方式、重複地向我描述同樣的問題，好像我們之前的談話並不存在一般。每一次當問題又回到原點時，我一方面無奈，一方面我會回想起記憶中的光芒，其實我知道，那光芒還是在的，只是罩紗太厚重。

這位女士因為媒妁之言結婚，夫妻的情感一開始就淡薄，二十年前生下孩子後，也就再也沒有同房過，夫妻兩人便過著徒具形式但看似安全的生活。幾年前，這位女士認識了吸引她的男人，便無法抗拒地在一起了。就這樣，這位思想保守的女士，無時無刻不以傳統教徒的方式，深深苛責著自己愛上了別人；但另一方面，她無法停止婚外情。所以，這些年來，她便在盡力扮演賢妻良母的角色中繼續出軌。

曾經有位「大師」喝斥她，並強調不顧家庭而出軌的罪業有多麼深重！於是她問我：「我的丈夫並沒有犯錯，我是不是應該全心全意的在他身邊，直到能夠擴展出我對他的愛為止？」

應該怎麼做選擇，向來不是我能給出建議的；從更高的視野來看，**「選擇」沒有好與壞，每一個選擇只是導向不同的歷程，從中有不同的體驗與學習而已**。其實，只要搞清楚矛盾的癥結點與起心動念之後，自然便能夠做出選擇。因此這位女士真正要看清的不會是表象上的，該回歸家庭還是奔向所愛的問題，這不會是一個有關「留在丈夫身邊是否就能『愛』他」的問題，**如果是因罪惡感而留下來，並不會帶來正向結果**。

由「恐懼」而起的動念，不會導致「愛」的結果。

其實，只要我們還活在被「責任」所驅使的人生裡，我們根本沒有資格談「愛」。世俗的價值觀，像怪獸一樣以魔力控制著我們的生命態度：我們該認真讀書成為好孩子、該努力工作獲取功名、該是成功的男人顧家的女人、該是孝順的兒女……**一旦我們的思想念向中跑出「應該」或「責任」二字，愛便開始死亡**。

試著靜下心來想像，自己在責任感中，或在熱愛中而投入工作，兩樣情境會有什麼差異？臉書或蘋果的創辦人是因為熱愛還是基於責任感而成功？再想像，若人們是因為責任感而孝順父母，那麼從你流動出去的能量會是什麼？

我們很少進一步探索，我們憑什麼扛這些責任？當自己還有很多內在缺憾與不平衡時，還有許多不滿足時，扛著的這些徒具形貌的責任底下，其實是諸多無奈、抱怨與潛藏的憤怒。

你是什麼，你能給出的就是什麼，那使得我們所服務的對象，接收到的，其實都是這些委屈不平的負面能量。因此，你扛了最多的責任，但你的家人待你最嚴厲；你扛了最多責任，結果公司最苛薄你；你努力想要服務眾人，結果眾人並不鳥你……

然後，你以為應該當個有責任感的妻子或丈夫，但你並沒有能力給出愛，結果家中槁木死灰，家人們的生命在其中逐漸枯萎。本來，你勇敢放下「責任」，勇敢追求愛，至少還有你一人呼吸了新鮮空氣，但錯誤的責任觀使得眾人一起坐困愁城。

事實上，當你勇敢衝出了原有的負面模式，眾人相互依存的鍊結斷了，其他人才有機會憑一己之力找到更適合其本質的生命出口。當然，會有一段痛苦期，這時候其他人也許看起來更糟糕，但那會是我們歷練「更高的愛」的機緣；這種**殘酷的愛，就像父母看著學步的孩子跌倒而忍住不出手，它考驗著我們對他人的生命前景是否有信心，其實，更考驗著我們自己對生命抱持著什麼樣的信念。**

但這並非意味著「逃避責任」。**通常，我們都必須在生命的前半段，先在責任中歷練一段過程，看盡、學盡責任中的所有面向，然後，才有資格說：「我知道責任是怎麼一回事了，我可以不被它所驅使了。」**因為到那時候，我們才能從自己的生命體驗中真正知曉，責任所能貢獻的並不多，責任讓我們為他人而活、讓自身的價值沒有機會展現，也讓從胸中流出的愛不斷地被責任感所誤導。

而真正的愛、更高的愛，總在進入責任、知曉責任、再輕輕放下它之後，從內在滋生蔓延。

【網友試讀迴響摘錄】

在第四則中談到本質，讓我想到奧修禪卡中有張牌叫「比較」……

有時常覺得，自己從小到大，很容易因為注意到別人的優點而產生莫名的自卑感，而忘記自己其實也有些其他別人所沒有的優點。當太過去注意別人的優缺點，彷彿就像把自己放上別人的舞台，怎麼去比較、超越，都會覺得不夠好，只有站上自己的舞台，專注在自己本質上，才不會這麼容易被別人所影響吧！

然而「該做什麼」或「從事哪個行業才會成功」卻深深制約住我們。我常常跟朋友聊到，工作是不是能夠兼顧到興趣？大部分的答案都是否定的，常常得到的答案是：興趣怎麼能當飯吃？但是看到安琪老師說的「你必須向內，而不是向外尋找興趣。那是一個向內探索自己的旅程，有許多恐懼需要突破，因為身邊大部分的人會希望你走一條和大部分人相同的路」，就有種「aha ！」的感覺，能夠讓我更堅定朝著自己的興趣走去。

——Samuel Kao

※

在看到內文中的關係篇，才明白，原來爭執是緣由於那受傷的自己。因為受過傷，所以每當相類似的事情一再發生時，基於自我的保護機制，我們總是無所覺的發動攻勢，想讓自己看起來堅不可摧；但事實上，在那層層的保護牆下，躲著一個弱小的自己，希望他人能發現。

我很喜歡這篇文章最後，老師所寫的：如果看穿了那些別人的攻擊與自己的反擊，都是在呼求對方的愛，那麼我們何不停止攻擊，直接表達那個「我們需要的愛」呢！

而這一切，都還是要往內去看見，去看見那些無所覺升起的情緒，觀照著它，然後，才會發現背後所暗藏的意義。過去，許多書中如此寫著，卻無法瞭解，至今才漸漸好像有那麼一點點可以體會，正如老師在關係篇中所寫的，命運其實在等待下一個適當的時機，悄然掩至。

——飄飄

和每一個摩肩過身的你我一樣，愛戀、忌妒、失落、恐懼、榮寵，日日生活所流轉的種種情緒與執念，其中的掙扎和體會，透過安琪坦然如實的文字述寫分享，似乎也能藉由翻讀書中每一篇文章字句，細細咀嚼字裡行間的內觀過程，同時感受閱讀者本身的參照借鏡，或許也能在閱讀當中，逐步傾聽與凝視自身各式各樣浮現的情緒與過往點滴，並且探索出自我療癒的觀念與思維，在心上的另一片原野萌發力量的露珠與光暉。

誠如《天界的 52 則聖諭》所提，「書籍最大的幫助，是在人們已擁有了生命體驗後，藉著前人的智慧來為自己整理、點亮或共鳴，啟發出更明確的內在知曉，或者被深深的撼動。」

文同其人，在安琪的書中，能感受她特有的，一種從容、溫暖的力量。

——Yifen Chung

※

起初獨自的靈魂本為勇氣，祂帶給我質疑、好奇的眼光看待這世界，我努力抗衡卻讓身體與靈魂失去了平衡，在斷臂山谷中徘徊許久，最終放下世俗依戀，離開職場，回到人生原點，真正與自己在一起，明白考驗才正要開始。

發現人生有些道路上的風景每個人不同，但著實有相同的心境，產生共鳴，因此對於田老師的作品認同。同時必須經歷磨鍊，才有亮麗人生，路途中也必須有自我覺察、勇氣、動力改變人們認為的宿命論。

——琳恩

※

情感關係，豐盛金錢，這些扎實呈現的生活經歷，在這本書中，都可以讓每位讀者有著共鳴與收穫。

從文字可以體覺到心的純然和溫度，我在《天界的 52 則聖諭》裡，有著心的感動。我能感受到，安琪老師的心的「純粹真誠」仍持續地愈來愈光亮、茁壯！

而讀者朋友們，也一定可以感受到！

「有了厚度的真實，必定是充滿愛的。」

是的，正是如此。

——旺盛

長時期觀照自己的起心動念，覺察每一個來到生命中的情境，領悟它背後所帶來的教導，當情緒出現，去看看它帶了什麼給你，別急著抗拒。所有生命中出現的經驗，不是偶然，都是指引。

自己現在正學習的，便是如何從情緒找出問題為何一再反覆出現的真相。有時候看似不同事件，也引發出不同的情緒呈現，但其實那個原因是一樣的。

感覺受傷、被人傷害都是被動的，若能發現那其實是主動用以掩護我們的不安或羞愧，當主因是自己而不是別人，是不是可以更快離開不好的情緒？發現它，成為它，走過它，讓那成為生命中的體驗而非傷害。因為，從來沒有任何人能在你不允許的狀態下傷害你。

最後我想提醒觀望這本書的朋友：如果你和我一樣，願意藉著《天界來的52則聖諭》覺察自己，請準備好紙筆再來帶它回去。因為自打開書本的那一刻起，你將會如同我所做的，成為那停不住想記錄恩典的筆。

——Gin Ko

※

《天界的52則聖諭》是本讀來兼具輕鬆與艱鉅的作品！

第一次單純以輕鬆翻閱的方式閱讀時，每個篇幅好像散文，各自獨立著。看來雖輕鬆易懂，但也只會有「哦」、「瞭解」、「我懂的反應，總覺得似乎缺少了些什麼……

再次用「心」看第二次時，我發現正因為聖諭的簡短，反而不設限的讓思想感受有流動的空間，更深入地讓思想有與心連結的機會。當要跟隨文章所啟發的思想練習時，赫然發現真正要進入心中真實的感受，並非以往認知的容易，有許多太不易覺察的感受，很容易就在自我防衛、欺瞞或者自我感覺良好甚至是無知中，一閃而逝。

身、心、靈三位一體，才有辦法活出生命的精采。對於從未接觸過「修行」的讀者，這是本可直搗核心、讓人省下不少可能於各種探索身心靈課程中所需之金錢與時間的「快速指南」；給已經上路的同修們，這也是可以實修的指導手冊，避免落入「頭腦覺知中的陷阱」時還在津津自喜。

——丫南

長期觀照自己的起心動念，覺察每一個來到生命中的情境，領悟它背後所帶來的教導，因而感受到覺察力是幫助自己走出劇情和釋放情緒壓力的最大力量。

我早早就能夠覺察到自己的起心動念，那是本能，但我不知道那就是「覺照力」；直到有一天，閱讀著某本書籍裡的一句話：「觀自在。」我瞬間明白，我一直所做的就是「觀照自己的存在」！在學校當輔導志工的期間，我試著帶學生觀察自己的情緒，發現十幾歲的孩子也能做到自我的覺察，因此大膽的假設「覺察、觀照」的能力是每個人都與生俱有的本能，若有人能適時的引導和啟發，是每個人都能駕馭的能力。

安琪的著作裡舉了很多生活的實例，閱讀起來很有故事性和啟發性，以及令人感同身受，這是難得的，不是一般的教條式；相信能使更多人受益。

——Lolica Wang

※

在現今紛擾紊亂的社會中，人們常受到外界的影響，感到躁動、不安或無力……等。最主要是因一般習慣認為，外在的世界乃是主導我們生命方向的主要因素。這樣的想法很容易忽略了一些事實，例如每一個人生在這世界上，所擁有的自主性，也就是自由意志，其實是賦予我們改變世界的力量。

不論是大至世界國家、小到個人生活，我們都能發揮一些力量去改變。而外在世界一切現象的看法，既是由我們的內心創造的，又同時是我們關照己身的素材。隨著我們不斷轉換、更新內在的視角，外在世界也會有相應的轉變。最終我們會體會到，所謂「境隨心轉」的道理是如此的真實，就像作者生命中所遇到的故事一般，透過不斷的深思，轉變自己的覺察方式，最後重新找回屬於自己內在的力量。

——霍曼

※

光是細細品讀目錄，就能想像這本書籍的豐富度。每一篇不失所望地，有揚升上師們帶來的訊息，也有踏實的生活或心情分享；在這文字閱讀中，也讓人更知曉明白各篇寶貴的高靈訊息，並在自己的生命中去映照、覺察和運用，與自己的內心溫柔地擁抱和對話，活出更真更美的自己，原來這才是好好愛自己。

透過這本書的陪伴，會令人喜歡上「覺察」這門功課，幫助自己有更多的看見，也擴展了自己對生命的觀點和視野，是個美好的享受和滋養，真是一本每天、每篇都值得用心去感受和品嘗的好書。

——玉玲

國家圖書館出版品預行編目資料

天界的 52 則聖諭 : 52 個自我覺察的練習 , 讓你回到內在和平 / 田安琪著 . -- 初版 . -- 臺北市 : 商周出版 : 家庭傳媒城邦分公司發行 , 2014.09
面； 公分

ISBN 978-986-272-662-4(平裝)

1. 靈修

192.1 103018159

天界的52則聖諭：52個自我覺察的練習，讓你回到內在和平

作　　者 / 田安琪
企劃選書 / 徐藍萍
責任編輯 / 徐藍萍

版　　權 / 翁靜如、吳亭儀
行銷業務 / 林秀津、何學文
副總編輯 / 徐藍萍
總 經 理 / 彭之琬
發 行 人 / 何飛鵬
法律顧問 / 台英國際商務法律事務所 羅明通律師
出　　版 / 商周出版
台北市104民生東路二段141號9樓
電話：(02) 25007008 傳眞：(02)25007759
E-mail：bwp.service@cite.com.tw
Blog：http://bwp25007008.pixnet.net/blog
發　　行 / 英屬蓋曼群島商家庭傳媒股份有限公司 城邦分公司
台北市中山區民生東路二段141號2樓
書虫客服服務專線：02-25007718；25007719
服務時間：週一至週五上午 09:30-12:00；下午 13:30-17:00
24 小時傳眞專線：02-25001990；25001991
劃撥帳號：19863813；戶名：書虫股份有限公司
讀者服務信箱：service@readingclub.com.tw
城邦讀書花園：www.cite.com.tw
香港發行所 / 城邦（香港）出版集團有限公司
香港灣仔駱克道193號東超商業中心1樓；E-mail：hkcite@biznetvigator.com
電話：(852) 25086231 傳眞：(852) 25789337
馬新發行所 / 城邦（馬新）出版集團 Cite (M) Sdn. Bhd.
41, Jalan Radin Anum, Bandar Baru Sri Petaling, 57000 Kuala Lumpur, Malaysia.
Tel: (603) 90578822 Fax: (603) 90576622 Email: cite@cite.com.my

封面設計 / 謝安琪
排　　版 / 極翔企業有限公司
印　　刷 / 卡樂製版印刷事業有限公司
總 經 銷 / 高見文化行銷股份有限公司 新北市樹林區佳園路二段70-1號
電話：(02)2668-9005 傳眞：(02)2668-9790 客服專線：0800-055-365

■2014年9月23日初版
■2021年10月21日初版3.5刷
定價300元

Printed in Taiwan

城邦讀書花園
www.cite.com.tw

 ISBN 978-986-272-662-4